DEUXIÈME CONGRÈS JURIDIQUE INTERNATIONAL DE T. S. F.

30 Mai — 2 Juin 1927

Organisé par les soins du Comité International de T. S. F.

101, Rue de Prony, PARIS

LIBRAIRIE
DU
RECUEIL SIREY
Société Anonyme

22, Rue Soufflot
PARIS (Ve)

DEUXIÈME CONGRÈS JURIDIQUE

INTERNATIONAL DE LA T. S. F.

UN GROUPE DE CONGRESSISTES

1. Buser (S.)
2. Eichenwald (U.R.S.S.)
3. Nussbaum (S.)
4. Burrow (G.B.)
5. Dro[illegible]ts (Fr.)
6. Hj[illegible] (Finl.)
7. Hartwitch (Autr.)
8. Kubik (S.)
9. Jefferson Davis (E.U.A.)
10. Olivet (S.)
11. Kucera (Tch.)
12. Hoffmann (All.)
13. Trutié de Varreux (Fr.)
14. De Rabours (S.)
15. Hubert Noodt (S.D.N. I.C.I.)
16. Pittard (S.)
17. Timmory (Fr.)
18. Tirman (Fr.)
19. Rambert (S.)
20. Paul de Lapradelle (Fr.)
21. Homburg (Fr.)
22. Konic (Pol.)
23. Hirschfeld (U.R.S.S.)
24. Youpis (Gr.)
25. Botcharov (U.R.S.S.)
26. White (E.U.A.)
27. Flachat (Fr.)
28. Horneffer (S.)
29. Taranger (N.)
30. Constantin de Châteauneuf (It.)

DEUXIÈME
CONGRÈS JURIDIQUE
INTERNATIONAL DE T. S. F.

GENÈVE, 30 Mai — 2 Juin 1927

Organisé par les soins du Comité International de T. S. F.

101, Rue de Prony, PARIS

SOCIÉTÉ ANONYME
DU
RECUEIL SIREY
22, rue Soufflot, PARIS, 5e

1928

ORDRE DU JOUR :

I. — Examen du Projet de convention de Washington.

A. Liberté de l'éther.

B. Transmission des communications.

C. Secret des communications.

D. Sécurité de la vie humaine.

E. Diffusion des nouvelles.

F. Droit de vote des Etats.

II. — Propriété intellectuelle, littéraire et artistique.

III. — Propriété commerciale et industrielle.

IV. — Droits des Propriétaires et Locataires en matière d'installations radioélectriques.

LISTE DES MEMBRES AYANT PRIS PART AU CONGRÈS

Allemagne

WILLY HOFFMANN, avocat, 16, Hainstrasse, Leipzig.

Autriche

MAXIMILIAN HARTWITCH, conseiller de section du Ministère fédéral du Commerce et des Communications, délégué du Gouvernement autrichien, 8, Postgasse, Vienne I.

Espagne

LUIS JORDONA DE POZAS, avocat, professeur de droit administratif, membre de l'Académie des Sciences morales et politiques, membre de la Justa tecnica et inspectora de Radiodiffusion, 25, Fernandes de la Hoz Madrid.

Etats-Unis d'Amérique

Col. W. JEFFERSON DAVIS, avocat à la Cour suprême des Etats-Unis à Washington, délégué observateur de la FederalRadio Commission of The United States, San Diego (Californie).

WALLACE H. WHITE, avocat, membre du Congrès des États-Unis, président du Comité de la Marine marchande, président du sous-Comité de la Radio, membre du Comité de rédaction des lois américaines, délégué observateur du gouvernement américain, Washington.

Finlande

RAFAEL ERICH, ministre de Finlande en Suisse et délégué permanent auprès de la Société des Nations, Genève.

HJELT, ingénieur.

France

JEAN BERNARD ALPI, délégué de la Société des auteurs, compositeurs et éditeurs de musique, 16, rue de Vienne, Paris.

BUGAND, avocat à Lyon, délégué de l'Union de la propriété bâtie de France.

CHARLES E. DROUETS, directeur de la Propriété industrielle au Ministère du Commerce, délégué du Gouvernement français, 26 *bis*, rue de Pétrograd, Paris.

ROBERT HOMBURG, avocat à la Cour de Paris, secrétaire général, fondateur du Comité international de la T. S. F., délégué de l'Association littéraire et artistique internationale, 101, rue de Prony, Paris.

PAUL DE LAPRADELLE, avocat stagiaire à la Cour de Paris, 2, rue Lecourbe, Paris.

GABRIEL TIMMORY, homme de lettres, secrétaire et délégué de l'Union radiophonique des sociétés d'auteurs, délégué de la Confédération des travailleurs intellectuels, 3, rue Ampère, Paris.

A. TIRMAN, conseiller d'Etat de la République française, Président du Comité international de la T. S. F., 29, rue de l'Yvette, Paris.

TRUTIÉ DE VARREUX, Président de la Chambre syndicale des Propriétaires de Paris, représentant la Chambre de l'Union internationale de la Propriété bâtie.

Grande-Bretagne

M. ARTHUR R. BURROWS, secrétaire général de l'Union internationale de radiophonie, 6, rue du Rhône, Genève.

Italie

M. DE CONSTANTIN DE CHATEAUNEUF, consul général d'Italie à Genève, délégué du Gouvernement italien, Genève.

Monaco

M R. ELLES, avocat, vice-consul de la Principauté de Monaco, délégué de S.A.S. le Prince de Monaco.

Grèce

M. JEAN YOUPIS, conseiller à la Cour d'appel, juge aux Tribunaux arbitraux mixtes, 1 *bis*, rue de Vaugirard, Paris, délégué du Gouvernement hellénique.

Norvège

M. AKSEL TARANGER, ingénieur, délégué du Comité norvégien de la T.S.F., Standarp Electric A.S à Oslo.

Pologne

M. HENRI KONIK, bâtonnier de l'Ordre des Avocats de Pologne, délégué du Gouvernement polonais, 5, Kredytowa, Varsovie.

Suisse

MM. I. BUSER, chef du Bureau du Contentieux à la Direction générale des Postes, délégué du Gouvernement suisse, Berne.

EUGÈNE EMPEYTA, avocat, secrétaire du Comité national suisse de la Société des orateurs et conférenciers, 22, rue de la Corraterie, Genève.

S.-H. HORNEFFER, avocat, secrétaire du Comité suisse de la T.S.F., 3, rue de la Monnaie, Genève.

CHARLES KUBICK, directeur de la Succursale de Genève de l'agence télégraphique suisse, 12, rue de Hesse, Genève.

M. MECKENSTOCK, professeur honoraire de l'Université de Neuchatel, ingénieur civil, Neuchatel.

ERNEST NUSSBAUM, chef de la Section des Télégraphes et radiocommunications à la Direction générale des télégraphes, délégué du Gouvernement suisse, Berne.

ROGER OLIVET, ingénieur, 3, cours de Rive, Genève.

EDMOND PITTARD, avocat et professeur à l'Université de Genève, 289 Croix d'Or, Genève.

F. DE RABOURS, avocat, ancien conseiller national, 31, rue du Rhône, Genève.

E. RAMBERT, délégué du Conseil de l'Union internationale de radiophonie, membre de la Commission juridique.

Tchécoslovaquie

M. O. KUCERA, conseiller au Ministère des Postes et Télégraphes, délégué du Gouvernement tchécoslovaque, à Prague.

U. R. S. S.

M. LÉOPOLD EICHENWALD, ingénieur en chef à la Division des radiocommunications du Commissariat des Postes, Télégraphes et Téléphones, délégué de l'Administration des Postes, Moscou.

M. EUGÈNE HIRSCHFELD, chef du Département des Communications internationales au Commissariat du Peuple des P. T. T., délégué de l'Administration des Postes, Télégraphes et Téléphones, Moscou.

M. NICOLAS BOTCHAROV, chef de la Section électrique à l'administration des P. T. T.

Société des Nations

M. ULRICH HUBER NOODT, attaché à la Section d'information de l'Institut international de Coopération intellectuelle de la S. D. N., Palais Royal, Paris.

Membres excusés

MM. BOUTET, avocat à la Cour de Paris.

CARTAULT, avoué d'instance à Paris.

BRENOT, président du Syndicat des industries radioélectriques françaises.

GLEIZE, délégué de la Confédération des Travailleurs intellectuels.

HOEN, directeur à la Société des auteurs et compositeurs de musique, Paris.

N. ITO, conseiller d'ambassade, sous-directeur du Bureau du Japon à la S. D.N.

LANDRIEN, avocat à la Cour de Bruxelles.

LOT, avoué à la Cour de Paris.

OSTERTAG, directeur des Bureaux internationaux réunis de la Propriété industrielle, littéraire et artistique, Berne.

SUGIMURA, envoyé extraordinaire et ministre plénipotentiaire, sous-secrétaire général et directeur de la Section politique du secrétariat de la S. D. N.

TABOUIS, vice-président de l'Union internationale de radiophonie.

TAILLEFER, avocat à la Cour de Paris, secrétaire général de l'Association littéraire et artistique international.

R. WEISS, chef du service juridique de l'Institut de coopération intellectuelle de la S. D. N.

COMPTE RENDU DES SÉANCES DU CONGRÈS

SÉANCE SOLENNELLE D'OUVERTURE

Lundi 30 mai 1927 (10 heures)

La séance est ouverte à 10 heures, sous la présidence de M. Bron, Président du Conseil cantonal de Genève, assisté de M. Tirman, Conseiller d'Etat français, Président du Comité International de T. S. F.

M. LE PRÉSIDENT. — Messieurs, au nom du Gouvernement de la République et du Canton de Genève, je vous souhaite ici une très cordiale bienvenue.

Vous êtes les représentants éminents de la science juridique de nombreux pays et je salue en vos personnes des pays proches ou lointains : l'Allemagne, l'Autriche, les Etats-Unis, la Finlande, la France, la Grèce, l'Italie, la Norvège, la Pologne, la Tchéco-Slovaquie, l'Union des Républiques Soviétiques Socialistes et les représentants de la petite Suisse.

Vous êtes venus ici pour préciser votre pensée déjà affirmée l'an dernier, lors du congrès de Paris et vous êtes venus également préparer le congrès de l'an prochain.

Vos travaux sont ardus : il s'agit de fixer les lois juridiques qui doivent unifier ce phénomène nouveau, cette découverte magnifique qu'est la télégraphie sans fil qui vient encore de s'orner d'un fleuron, grâce à la radiophonie, ou broadcasting, pour employer le mot anglais.

Je vous souhaite de réussir brillamment dans vos travaux, car la Télégraphie sans fil est certainement un des moyens par lesquels nous pouvons arriver à améliorer encore les conditions sociales des hommes. Il est certain — et c'est là le mérite des temps modernes — qu'on a essayé de répandre aussi largement que possible l'instruction et l'éducation sous toutes ses formes, mais il demeurait encore des inégalités et ces inégalités, pour moi, résidaient davantage dans la configuration du sol que dans la mauvaise volonté des individus. Maintenant, au milieu de la mer, l'homme reste en relation de pensée avec les gens qui sont restés attachés au rivage et, sous n'importe quelle latitude, les hommes peuvent communiquer entre eux, qu'ils soient dans les régions glacées du nord des continents, ou dans nos montagnes élevées ! Plus d'inégalités ! Grâce à la télégraphie sans fil, grâce à la radiophonie, les hommes restent toujours en contact, et ceux qui n'avaient pas le bénéfice des merveilleuses conférences, des beaux concerts, parce qu'ils n'habitent pas la grande ville, peuvent maintenant cultiver leur cerveau comme les hôtes des grandes cités.

Messieurs, c'est avec l'espoir que vos travaux contribueront à améliorer les conditions sociales qu'en qualité de Président de ce Congrès, je le déclare ouvert. (*Applaudissements*).

Je donne la parole à M. Tirman, Conseiller d'Etat, Président du Comité International de T. S. F.

M. Tirman. — Monsieur le Président, je suis certain d'être l'interprète de l'assemblée tout entière en vous remerciant d'avoir bien voulu vous-même présider à l'ouverture de ce congrès.

Je remercie en votre personne, et le Gouvernement fédéral suisse, et le canton de Genève qui nous donne aujourd'hui l'hospitalité. Je remercie cette belle cité, foyer de la Société des Nations en qui repose l'avenir de notre art !

Je voudrais aussi, me tournant vers l'assemblée, remercier tous les Gouvernements qui ont envoyé des représentants pour suivre nos travaux et profitant de leur présence, je voudrais souligner devant eux quel est le caractère de notre Association et quelles sont les fins qu'elle poursuit.

Notre Association, comme vous le savez, monsieur le Président, n'a pas un caractère officiel ; elle est d'initiative privée ; mais elle a la préoccupation — et la présence de ces délégués étrangers le témoigne assez — d'agir en complète collaboration avec les Etats. Nous voulons réaliser l'association, l'union de l'initiative privée et de l'action gouvernementale et il semble bien que de la confrontation des idées, des points de vue que les gens d'expérience pratique qui sont ici peuvent apporter, doivent se dégager des formules pratiques et réalistes.

C'est dans cet esprit que nous avons poursuivi nos travaux lors du premier congrès qui s'est tenu à Paris. Les projets de résolutions que nous apportons ici présentent ce même caractère et si l'on en cherche les idées directrices, on constate que la pensée qui les inspire est non pas de créer en cette matière nouvelle qu'est la radio-électricité un droit nouveau, mais bien d'y appliquer les grands principes juridiques consacrés par les États et qui trouvent, dès à présent, leur sanction dans les conventions internationales et dans la législation intérieure.

C'est ainsi que nous pourrons fixer des règles qui, s'inspirant des réalités pratiques comme des grands concepts juridiques, permettront de faire avancer quelque peu une question aussi complexe.

En un mot, nous n'avons pas la prétention de construire un édifice juridique nouveau, mais bien, dans l'édifice existant, de faire une place à la radio-électricité, à cette merveilleuse invention qui, comme vous le signaliez, traversant, au delà des frontières, l'éther, atteint les cimes les plus hautes et les océans les plus lointains.

Dans ce congrès, j'espère que nos collègues vont aborder les différents aspects des problèmes qui se posent et je suis certain que, dans l'esprit de collaboration le plus complet, le plus cordial, comme celui qui a régné dans toutes nos conférences, jusqu'à ce jour, qu'il s'agisse du congrès de Paris ou du Comité International qui siège en permanence, tous coopèreront à faire avancer de quelques pas cette idée de Droit qui nous préoccupe tous (*Applaudissements*).

Messieurs, je propose à l'Assemblée de constituer dès à présent le Bureau du Congrès (*Assentiment général*).

Pour présider à nos travaux, il me semble qu'une personnalité est toute désignée : c'est celle de M. de Rabours qui, par les hautes fonctions qu'il occupe dans le canton de Genève comme dans la Suisse entière, et aussi, dans notre Comité même, me paraît être le plus qualifié. Je vous propose de le désigner par acclamations (*Vifs applaudissements*).

(M. de Rabours prend place à la présidence).

M. le Président. — Messieurs, je vous remercie très sincèrement de l'honneur qui m'est fait : j'accepte cette fonction, puisqu'aussi bien la coutume est généralement de désigner comme président un des membres du Comité où le congrès se réunit, mais je sens tout l'honneur et toute l'importance de la charge qui m'est ainsi offerte. J'essaierai de présider suivant les habitudes et les rites, bien que je manque moi-même un peu de cette expérience.

Il est évident que vous n'attendez pas de moi un discours : vos travaux sont là qui sollicitent votre attention. Cependant, je veux relever, dans le discours de notre Président, cette idée qui domine nos travaux, semble-t-il, à savoir que nous tentons de créer un droit nouveau en empruntant aux vieux juristes, Cujas et Ulpien, les principes qui peuvent dominer une matière si inexistante à leur époque. Il est évident que les Marconi, les Branly, ont apporté au Monde des découvertes telles qu'il semble d'abord difficile de s'inspirer des travaux des anciens. C'est cependant aux principes anciens qu'il faut revenir si on ne veut pas errer sur les grandes routes du Droit.

Je pense qu'inspirés de la sorte, nous pourrons trouver les solutions les meilleures pour le plus grand bien de notre Humanité, si déchirée aujourd'hui, mais qui, nous l'espérons, va bientôt entrer en convalescence (*Applaudissements*).

Messieurs, il s'agit maintenant de désigner votre Vice-Président. Je suis certain de me faire l'interprète de tous en proposant pour cette fonction le colonel Jefferson-Davis, qui représente ici les Etats-Unis d'Amérique et qui, venant de si loin, nous donne un témoignage de l'attention avec laquelle cette question est suivie en Amérique où, d'ailleurs, elle a obtenu plus de réalisations qu'en aucun autre pays. (*Applaudissements*).

(M. le Colonel Jefferson-Davis prend place au bureau).

Comme Secrétaire Général, je vous propose M. Hornetfer, avocat à Genève, Secrétaire du Comité Suisse (*Applaudissements*).

Comme Rapporteur Général, je vous propose le dévoué et compétent secrétaire général fondateur de notre Comité International de T. S. F., M. Homburg, (*Applaudissements*).

Le Bureau du Congrès est ainsi constitué.

L'ordre du jour appelle les élections au conseil. Je donne la parole au secrétaire du Comité, M. Homburg.

M. Homburg, *secrétaire du Comité.* — Messieurs : En cet instant, ce n'est pas le Rapporteur général, mais le secrétaire du Comité qui prend la parole et qui reparaît pour quelques instants. Je m'en excuse.

Vous savez dans quelles conditions de rapidité nous avons été obligés d'organiser un congrès à Genève, par suite d'une maladie très grave de M. le Conseiller Giannini, chargé de préparer notre réunion qui devait se tenir à Rome au mois d'avril dernier. C'est uniquement grâce au dévouement du Comité suisse que nous avons réussi, dans un temps record, en un mois et demi, à mettre sur pied et à réunir ici un congrès international qui, s'il n'a pas le nombre, a tout au moins la qualité. Mais si les discussions juridiques qui sont soumises à votre attention ne doivent pas souffrir de cette hâte apportée à la réunion du Congrès, parce que, depuis deux ans, nos comités nationaux travaillent de façon suivie et en étroite collaboration à l'élaboration des textes qui vous sont soumis, il n'en est pas de même d'une question d'ordre purement intérieur : la *question* des élections.

En effet, la question de soumettre aux suffrages du congrès la désignation d'un nouveau Président du Comité, M. le Conseiller Tirman désirant, au bout de ses trois ans de présidence, céder la place à une autre personnalité, a été, pour approbation, soumise aux comités nationaux il y a un mois seulement. Certains comités ont demandé un peu plus de temps pour réfléchir ; certains n'ont pas encore donné leur réponse ; d'autres n'ont certainement pu être touchés en temps utile, de sorte qu'aujourd'hui nous avons à élire un Président et à procéder à plusieurs élections au sein du Conseil de Direction, alors que les 1/3 de nos comités nationaux n'ont pas été à même de fournir leur réponse.

Je crois donc que dans ces conditions il serait convenable de renvoyer la question des élections à une prochaine Assemblée Générale, de façon que tous nos ressorts nationaux aient pu prendre position et donner leur avis sur cette question assez grave, puisqu'il s'agit de l'orientation et de la vie même de notre Comité.

La proposition est adoptée à l'unanimité.

M. le Président. — Le Comité voudra bien continuer ses fonctions pendant cette période de quelques mois.

La séance est levée à 10 h. 50.

SECONDE SÉANCE

Lundi 30 mai 1927 (après-midi)

Examen des projets de Convention de Washington

La séance est ouverte à 15 heures, sous la présidence de M. de Rabours.

M. LE PRÉSIDENT. — Je donne la parole à M. Homburg, rapporteur général, pour son rapport sur les projets de Convention de Washington.

M. HOMBURG, *rapporteur général.* — Messieurs, parmi les buts principaux dont le Comité International de la T. S. F. poursuit la réalisation, il y a l'élaboration du statut juridique international de la radioélectricité sous toutes ses formes.

Elaborer, c'est construire. Or, pour cette construction notre Comité avait déjà des fondations solides : ce sont les anciennes Conventions internationales de Saint-Pétersbourg, de Londres, de Berne, de Paris, etc... Sur certains points, notamment en matière de radio-communications, les Etats se sont déjà prononcés ; particulièrement, par la Convention de Londres.

Les matériaux ne sont pas mauvais, mais les progrès de la radioélectricité ont démontré qu'il a fallu changer certains principes de construction et remplacer certaines pierres. C'est l'objet du rapport du Comité Technique de Radio-communications qui a donné lieu au projet de convention de Washington de 1921 (1). C'est également l'objet du cahier des propositions pour la Conférence radioélectrique internationale de Washington, cahier qui a été publié par les soins du Bureau International de l'Union Télégraphique de Berne, en février 1925.

Les études de nos comités nationaux ont été centralisées par une commission d'étude nommée par notre conseil de direction et aux travaux duquel je suis heureux de rendre hommage. Ses travaux ont porté sur le projet de convention de Washington révisé en conformité des

(1). V. Revue Juridique internationale de la Radioélectricité, n° 9, pages 8 et suivantes.

conclusions du Comité technique des radio-communications. Le résultat de ces études, ce sont les textes que vous avez sous les yeux et qui figurent en tête de notre programme.

Mais, avant d'examiner un à un ces éléments de notre construction, je voudrais qu'il me fût permis de faire une observation personnelle, que m'a suggérée une lecture attentive des projets de Convention tels qu'ils existent aujourd'hui.

On ne peut pas ne pas être frappé, en lisant ces projets, par certains défauts de forme et de fond.

En ce qui concerne la forme, il y a une évidente confusion des articles qui demanderaient à être regroupés dans un ordre logique, sous des têtes de chapitres claires.

C'est ainsi que l'on pourrait adopter les grandes divisions suivantes :

CHAPITRE Ier : « Principes généraux » (où l'on regrouperait l'article 23 du projet de convention de Washington, qui deviendrait le no 1, suivi de l'article 10 modifié et du paragraphe 4 de l'article 1).

CHAPITRE II : Transmission des communications (qui comprendrait les articles, 2, 3, 4, 5, 6, 7 et 9 à 16).

CHAPITRE III : Secret des communications, (qui ne comprendrait qu'une partie de l'article 4 modifié et l'article 8) ;

CHAPITRE IV : (où seraient groupés les textes concernant la Constitution d'un Conseil universel, article 1 § 1, articles 17, 18, 19, 20, 21, 22 modifié).

Enfin : CHAPITRE V : Modes d'exécution de la convention (§ 2 et 3 de l'article 1 et les derniers articles à partir de l'article 23).

Le projet, à mon avis, a besoin d'être un peu aéré ; il faudrait que l'on ouvrit les fenêtres ! Le texte y gagnerait en clarté.

Maintenant, deux observations en ce qui concerne le fond : La première est celle-ci : il y a un flottement certain dans la terminologie employée par les projets de Convention ; les termes de radiotélégraphie comprennent tantôt la radiotéléphonie elle-même, tantôt la radiotélégraphie et la radiotéléphonie. Notamment, le dernier paragraphe de l'article 1 demanderait à être précisé ; il semble impossible de le laisser dans la forme actuelle :

« Les termes « télégraphe » et « radiotélégraphe » seront compris comme visant le téléphone, et le radiotéléphone et le terme « télégramme », sera compris comme visant le « radiotélégramme » sauf lorsque le texte exclut expressément une telle signification.

Il semble que cet article ait besoin d'être complété ou rectifié.

Une autre observation, qui semble plus grave, c'est que l'on n'y traite pas de toutes les applications de la radio-électricité. C'est ainsi qu'on ne parle pas du tout de la radiotélévision. Enfin, en ce qui concerne les modes d'emploi des ondes, on ne parle que des radio-communications et point de la radio-diffusion (broadcasting).

J'en arrive, après avoir fait ces observations critiques, à une suggestion constructive : ce serait d'adopter pour la convention les grandes lignes suivantes : division de la convention en deux parties : Une première partie concernerait les formes d'application de la radio-électricité. Ces formes d'application seraient au nombre de trois : la radiotélégraphie, qui comprend la transmission par signes, la radio-téléphonie, qui comprend la transmission par sons, et la radiotélévision qui comprend la transmission par images.

Dans la seconde partie, on pourrait étudier les modes d'application, soit séparément soit au double point de vue de la radio-communication et de la radio-diffusion.

Il semble qu'à la clarté de ces idées générales, le projet de convention prendrait un caractère de netteté incomparable.

Ce n'est qu'une suggestion. Vous aurez à décider si vous devez vous borner à examiner les projets de convention de Washington, et à compléter, en quelque sorte, le travail de nos Rapporteurs en regroupant les articles dans les chapitres suivants :

1. — Principes généraux ;
2. — Transmission des communications ;
3. — Secret des communications ;
4. — Constitution d'Union et du Conseil universel ;
5. — Modes d'exécution.

où si vous devez proposer la refonte des projets de convention, avec 'adoption d'un plan nouveau qui serait le suivant :

I. — *Formes d'application* :
 a) Radiotélégraphie
 b) Radiotéléphonie
 c) Radiotélévision

II. — *Modes d'application* :
 a) Radiocommunications
 b) Radiodiffusion

(*Applaudissements*).

M. Timmory (France). — Il y a une chose que je ne saisis pas. Quand vous faites de la radiotélégraphie, vous faites de la radiodiffussion ?

M. Homburg, *rapporteur général*. — Ou de la radiocommunication.

M. Timmory. — Alors, il me semble que la classification n'est pas nette.

M. Homburg, *rapporteur général*. — Il faut étudier chaque forme d'application au double point de vue, d'abord de la radiocommunication, ensuite de la radiodiffusion.

M. Timmory. — Dans chaque forme d'application ?

M. Homburg, *rapporteur général*. — Evidemment ! et alors on pourrait étudier ces trois formes d'application, d'abord, au point de vue des principes généraux, ensuite au point de vue des principes particuliers à chaque mode.

M. Eichenwalt (U. R. S. S.). — Je crois qu'il y a deux formes : la radiotélégraphie et la radiotéléphonie. L'une, la radiotélégraphie, c'est la transmission des signaux, que ce soient des signes convenus ou des photographies ; l'autre, la radiophonie, c'est la transmission des sons.

M. Homburg, *rapporteur général*. — Le mot de radiotélégraphie n'est peut-être pas exact ou suffisant, parce que, quand je pense à la radiotélégraphie, je pense à la transmission des images fixes, alors qu'il y a la transmission des images animées.

M. Eichenwalt. — Alors c'est de la radio-télévision.

M. Homburg. — Nous sommes d'accord !

M. le Président. — En résumé, le Rapporteur nous propose une modification tendant à une révision de la disposition matérielle des textes de la convention de Washington.

M. Homburg, *rapporteur général*. — Je propose une réforme à double degré : ou bien réduite à un regroupement des articles de la convention, après les modifications que vous aurez adoptées, ou bien s'étendant jusqu'à la refonte complète du projet de convention sur un plan suivant l'ordonnance du tableau précédent.

M. Tirman (France). — Il me semble que les deux idées peuvent se concilier. On peut très bien concevoir l'adoption logique, rationnelle, du plan qui nous est indiqué. Quand nous passerons par la suite à la rédaction même des textes, nous serons toujours amenés à nous préoccuper de deux modes d'application et des diverses formes d'exécution.

M. Hirschfeld (U. R. S. S.). — J'estime qu'il est assez difficile, dès maintenant, d'essayer de classifier les matières de la convention future Cependant les Soviets considèrent que cet essai est intéressant. Mais je crois qu'il y a des chapitres qui devraient être déplacés. Par exemple, la constitution de l'union, du conseil universel devrait venir, à mon avis, au premier paragraphe, parce que, en somme, il s'agit d'un principe général; les principes généraux doivent contenir l'organisation générale d'abord, ensuite, l'objet de la convention, c'est-à-dire l'énuméré des diverses questions qui en font l'objet, puis l'organisation, c'est-à-dire les formes suivant lesquelles s'effectuent les transmissions.

M. Homburg, *rapporteur général.* — Je crois que l'ordre des chapitres n'a aucune importance. Ce que je souhaite. c'est voir les articles se rapportant à une même question groupés sous une même tête de chapitre. Voici uniquement le but de mon observation. Par conséquént, que le n° 4 devienne le n° 1 ou inversement. ceci, pour moi, n'a aucune importance.

M. de Lapradelle (France). — Il me semble dans cet esprit que la radio-diffusion, qui est la dernière application de la radioélectricité connue, doit faire l'objet d'une réglementation à part. Vous pourriez peut-être diviser le projet en deux grandes parties : Les radio-communications, qui comprendraient la radiotéléphonie et la radiotélégraphie, puis faire une place à part à la radiodiffusion, qui est en somme la presse parlée et constitue une branche absolument originale.

M. le Président. — Vous entendez l'observation de M. de Lapradelle. Je crois que nous pourrions ouvrir la discussion sur ce point;

M. Homburg, *rapporteur général.* — L'idée de M. de Lapradelle se rencontre absolument avec la mienne et avec ma proposition.

M. de Lapradelle. — Non ; dans votre classification, vous parlez des modes d'application ; à mon avis, cela rentre plutôt dans les formes d'application.

M. Homburg, *rapporteur général.* — Non, j'estime qu'il y a trois formes d'application qu'il y a lieu de traiter à deux points de vue : le premier mode d'application étant la radiocommunication ; le second mode d'application étant la radiodiffusion.

M. de Lapradelle. — Je ne crois pas que la radiotélégraphie puisse rentrer dans la radiodiffusion.

M. Homburg, *rapporteur général.* — Pourquoi pas ?

M. de Lapradelle. — Il n'y a que la radiotéléphonie qui soit accessible à tous.

M. Homburg, *rapporteur général.* — En pratique oui, mais il n'y a pas d'empêchement de principe à ce que la radiotélégraphie soit également de la radiodiffusion.

M. de Lapradelle. — Qu'il me soit permis d'insister sur l'avantage d'une division qui sépare nettement radiocommunication et radiodiffusion. Toutes les correspondances secrètes sont des correspondances que vous ne pouvez envisager que dans la radiotélégraphie et la radiotéléphonie, en tant qu'il s'agit de conversations ; du point de vue de la radiodiffusion, il n'est plus question de secret, puisqu'au contraire il s'agit d'une publicité, c'est-à-dire le contraire même du secret.

M. Homburg, *rapporteur général.* — Dans la partie traitant de la radiodiffusion, il n'y aurait pas chapitre « secret ». Ce qui indique bien qu'il faudrait faire une classe à part pour la radiodiffusion.

M. de Lapradelle. -- C'est ce que je demande.

En résumé, je signale dans le projet de Convention une lacune : il n'est pas question de radiodiffusion ; le projet a été fait en se basant sur l'état de choses ancien ; il faut y introduire la radiodiffusion et lui faire une place à part.

M. Homburg. *rapporteur général.* — Nous sommes d'accord.

M. le Président. — On pourrait formuler un vœu dans ce sens :

« L'Assemblée émet le vœu que la radiodiffusion soit traitée comme catégorie à part dans le texte de la convention de Washington ».

J'ouvre la discussion sur cette proposition précise.

M. Eichenwalt (U. R. S. S,). — Je crois que la proposition de M. le Rapporteur est juste. Ce qu'il faut c'est établir la distinction entre la radiocommunication où il y a deux, trois quatre, correspondants en rapports, et la radiodiffusion où il n'y a pas de correspondants déterminés.

M. Homburg, *rapporteur général.* —Déterminés à l'avance.

M. Eichenwalt. — Justement. Mais au point de vue des formes d'application, nous ne pouvons pas accepter exactement la classification proposée. Il n'existe pas de radiotéléphotographie. La radiotéléphotographie, c'est une vulgarisation, ce n'est même pas une application différente de la radiotélégraphie. On peut faire de la radiotélégraphie au moyen d'un nouveau mode : c'est ce que vous avez appelé la radiotéléphotographie mais en réalité il n'y a que deux modes : la radiotélégraphie et la radiotéléphonie.

M. Tirman (France). — Ne pourrait-on pas dire : la transmission des signaux et des sons ?

M. Homburg, *rapporteur général.* — Les images ne sont pas des signaux ; par exemple, quand on transmettra le cinéma ?

M. Pittard (Suisse). — Disons : des signes.

M. Homburg, *rapporteur général.* — Le cinéma et la télégraphie ne sont pas la même chose dans la pratique et ce n'est pas parce que vous ferez précéder ces termes du préfixe « radio » que les deux inventions deviendront semblables !

M. Eichenwalt (U. R. S. S). — Au point de vue mécanique, c'est une transmission de signaux, puisque vous transmettez un signal, puis un autre signal : en somme, il s'agit d'une suite de signes qui sont transmis.

M. LE PRÉSIDENT. — M. Tirman fait observer que le mot « signe » aurait un sens plus large que le mot signaux ou tout autre terme. Je crois donc que les orateurs pourraient s'entendre en adoptant le mot « signes ». Nous dirions : « signes et sons ».

M. EICHENWALT. — Signal, c'est un mot qui est bien défini en télégraphie, tandis que le mot « signe » il faut l'introduire. C'est un mot qui n'est pas encore connu dans la radiotélégraphie. Le mot « signe » serait sans doute très bien, mais il faut l'introduire.

M. LE PRÉSIDENT. — Il est certain que le langage de la radioélectricité est un peu différent de la langue ordinaire.

M. HOMBURG, *rapporteur général.* — Oui, c'est un vocabulaire spécial et qu'il faut préciser.

M. LE PRÉSIDENT. — Il est certain que vos délibérations peuvent avoir pour effet de faire introduire ce mot dans le dictionnaire de l'Académie.

La proposition de M. Eichenwalt serait de mettre « transmission des signes et des sons. »

M. TIRMAN (France). — Je verrais cela comme un article mis au frontispice de la convention, disant « que la transmission par radioélectricité des signaux et des sons est soumise aux dispositions de la présente convention ». Ensuite, pour répondre aux désirs qui ont été exprimés si justement, nous admettrions les divisions proposées, en établissant d'abord les principes généraux.

M. PITTARD (Suisse). — Je crois qu'il ne serait pas négligeable de faire une terminologie ; lorsqu'on a évité les discussions sur le sens des mots, on a rendu un grand service.

Pourquoi ne pas mettre : « On entend par signes telle et telle chose, par sons telle et telle chose » ? Il ne faut pas craindre de faire de la terminologie ; c'est vous qui la faites : vous savez ce que vous voulez dire.

M. TIRMAN (France). — C'est assez l'usage britannique.

M. H. KONIC (Pologne). — Je crois qu'il s'agit surtout d'une question de rédaction ; il s'agit de la rédaction du projet de convention. Je crois que tout ce qui doit être dit a été dit ici et qu'il n'y a rien à ajouter. Je propose donc d'adopter en bloc les propositions de M. Homburg.

M. LE PRÉSIDENT. — Monsieur Konic propose donc d'accepter les propositions de M. Homburg, tout en tenant compte des observations qui ont été formulées sur quelques points particuliers.

Cette proposition comprendrait, en outre, celle de M. Pittard, d'après laquelle il y aurait lieu d'établir la terminologie de la langue de la radioélectricité.

M. KONIC (Pologne). — Cela, c'est une question de fond et actuellement nous ne parlons que d'une question de forme.

Je crois que l'on peut accepter, en toute sécurité la proposition de M. Homburg.

M. LE PRÉSIDENT. — Cette modification de forme a pour elle l'avantage de présenter quelque logique et de constituer une amélioration sur la disposition actuelle des textes.

Quelqu'un demande-t-il encore la parole sur ce sujet ?

En somme, il n'y a pas d'opinion contraire. Nous pourrions donc entériner ce premier vœu concernant la forme et passer à l'examen de fond des textes.

Je donnerai donc la parole à notre Rapporteur Général.

M. HOMBURG. — Si nous suivons l'ordre de notre programme, la première question particulière à étudier est celle de la liberté de l'éther.

Je vous rappelle le texte du premier article de notre projet de code international, tel qu'il a été voté par notre Congrès de Paris, en 1925 :

« L'éther est libre. Sans préjudice du droit de réglementation qui « appartient à chaque Etat, l'usage de cette liberté ne doit pas avoir « pour effet de troubler l'ordre public, de porter atteinte à la sûreté des « Etats, d'empêcher l'application des mesures propres à assurer la sau« vegarde de la vie humaine ou d'apporter de gêne à la liberté des com« munications tant internes qu'internationales ».

Cette même idée est contenue dans l'article 23 du projet de convention (1).

L'article 23 consacre le droit de passage des ondes au-dessus de tout territoire ; mais, d'autre part, certaines réserves sont apportées, relativement à la sécurité des Etats et de la vie humaine.

Notre Comité propose le remplacement de cet article 23 par l'article 1er de notre projet de code international, tel qu'il a été adopté à Paris. Il semble, en effet, que ce texte soit plus ramassé et que, sous une forme plus concise, il contienne, en réalité, tous les principes généraux qui se trouvent dans l'article 23 (2).

(1) V. *Revue Juridique de la Radioélectricité*, n° 9, page 14.

(2) « Les Hautes Parties contractantes se réservent respectivement le droit de « faire séparément entre elles, des accords spéciaux de tous genres pour ce qui « concerne des affaires de service n'intéressant pas les Etats contractants en « général.

« Les Hautes Parties contractantes, à condition de se conformer à tous les enga-

M. LE PRÉSIDENT. — Il est évident que la formule « l'éther est libre » adoptée par le congrès de Paris résume trois ou quatre paragraphes de l'article 23 du projet de convention. C'est donc une formule heureuse. Les restrictions contenues dans le même article se trouvent ainsi résumées en quelques lignes.

J'ouvre la discusion sur cette question.

M. HIRSCHFELD (U. R. S. S.). — La Délégation Soviétique adopte la rédaction proposée par le Comité, mais elle se permet de faire les quelques remarques suivantes.

L'éther, dans les communications de T. S. F. ne joue en aucun cas le même rôle que la colonne d'air s'élevant sur le territoire d'un Etat dans la question de la liberté de l'air pour l'aviation. Cette colonne d'air a un sens géométrique déterminé, de sorte que l'avion entrant dans les limites de ladite colonne entre physiquement dans les limites de l'Etat en question.

Le rôle de l'éther dans les communications de T. S. F. est tout autre. Dès qu'une perturbation se produit dans un point déterminé de l'éther, elle se propage avec une grande vitesse tout le long de la surface de la terre, aussi bien que dans les hautes régions de l'atmosphère, d'où, suivant des conditions physiques déterminées, elle revient à la surface de la terre, loin de son point d'origine, quelquefois sans même toucher les vastes territoires qui se trouvent entre ces deux points.

Les distances entre le point d'origine de la perturbation et ceux où peuvent encore être découverts les champs produits par elle, dépendent tant de la perfection du récepteur que de nombreuses conditions physiques encore peu étudiées et ayant un caractère accidentel,

« gements imposés par la présente convention et le Règlement y annexé, re« connaissent le droit de deux Etats contractants dont les frontières ne sont pas « contiguës, d'organiser des communications radiotélégraphiques au-dessus du « territoire d'autres pays contractants.

« Au cas où les conditions de service des communications dans les pays inté« ressés sont d'un caractère particulier du fait de circonstances géographiques, « politiques ou autres, des régimes subordonnés peuvent être établis par un « nombre restreint des Hautes Parties contractantes en vue d'améliorer les « moyens de communication et leur administration. Ces régimes subordonnés ne « prendront aucune mesure au détriment ou au préjudice des Hautes Parties « contractantes en général. Chaque régime subordonné peut déterminer le « nombre de ses membres. Sous réserve du consentement des administrations « intéressées, une administration peut faire partie de plus d'un de ces régimes « subordonnés.

« Toute mesure prise par un de ces régimes subordonnés doit être notifiée au « Bureau Central, pour être portée à la connaissance de chacune des Hautes « Parties contractantes ».

c'est-à-dire ne pouvant pas être prévues d'une manière précise en l'état actuel de la science.

Il en ressort que la restriction de la liberté de l'éther porte inévitablement atteinte au droit souverain de l'Etat sur son territoire. Le travail d'un grand nombre de radiostations intérieures se manifeste non seulement dans les pays limitrophes, mais souvent dans les pays non limitrophes. La possibilité de pénétration de l'onde électro-magnétique dans le territoire étranger ne peut être restreinte qu'au moyen d'une réduction des puissances employées dans les différents cas, ce qui pourrait empêcher la réalisation de certaines liaisons intérieures. Toutefois, même dans ces conditions de limitation extrême de la puissance des postes émetteurs, il n'est pas possible d'éviter complètement, du moins en l'état actuel de la radiotechnique, la production des champs électromagnétiques autour des postes étrangers.

Lors de l'établissement des liaisons radio-électriques, il est impossible de fixer exactement les voies de la propagation des ondes et de bien définir leurs chemins par les territoires des Etats déterminés, attendu que plusieurs pays ne se trouvant pas sur le grand cercle passant par les points terminaux donnés seront à même de prouver que l'onde passe par leur territoire.

Donc, lors de l'inauguration d'une liaison quelconque entre deux Etats, il sera impossible d'établir quels pays pourraient démontrer leurs droits, à titre de pays intermédiaires. D'où, il s'ensuit l'inviolabilité du principe de la liberté de l'éther.

Evidemment, ce principe est atténué par un autre : « ne pas causer de troubles aux émissions d'autres nations. » Ce but est atteint d'une manière plus ou moins satisfaisante par les différentes mesures techniques qui seront indubitablement améliorées à mesure du progrès de l'étude systématique, sous la direction d'un organe spécial près le Bureau de Berne, de ces phénomènes compliqués géo-physiques qui accompagnent la radio-transmission et du développement de la technique de la liaison.

Les remarques de la Délégation Soviétique visent la réalisation pratique de ces progrès, car elle estime que si on arrive, sur la base de ces principes, à des réalisations pratiques, les dispositions prévues dans le projet de convention seront sans application pratique.

M. le Président. — Quelqu'un demande-t-il la parole au sujet de la déclaration de la Délégaton Soviétique?

M. Pittard (Suisse). — A propos de l'aviation nous avons déjà en 1911 discuté cette question au Comité juridique de l'Aviation que M. Homburg connaît bien puisqu'il en est le secrétaire général; c'était en 1911. Nous nous sommes heurtés alors pour cette formule « l'air est libre » à une opposition formelle et personne n'a jamais pu résoudre la question, parce que les opinions sont beaucoup trop ancrées et personne ne veut céder.

Nous nous sommes alors rabattus sur un thème plus pratique. Au fond, ce que nous cherchions, c'était la liberté des communications et nous avons, sans abandonner nos idées de juristes indépendants, émis le vœu que la circulation aérienne soit libre.

La convention de Paris de 1919 a complètement nié nos principes de liberté, en admettant la souveraineté absolue de l'Etat sur son atmosphère et son espace aérien.

Pour moi, c'est une négation du droit naturel, puisqu'il est impossible d'exercer une souveraineté de ce genre, mais nous nous sommes inclinés, parce que ce que nous cherchons, c'est l'application pratique et le progrès.

Or, ici, je suis, par conséquent, plus que jamais partisan de la formule « l'éther est libre », mais je crains que cette formule ne rencontre des oppositions telles qu'elle ne passe pas, et je voudrais, puisque nous sommes entre juristes, proposer un subsidiaire.

Est-ce qu'il est dans l'intention du Congrès de maintenir par tous les moyens possibles la formule « l'éther est libre », quitte à être battus, ou, éventuellement, et dans le cas où la question de la liberté de l'éther serait discutée et repoussée, serions-nous d'accord pour faire prévaloir l'idée au moins dans son application pratique et dire : « l'utilisation de l'air est libre » ?

C'est un point très important. Il ne faut évidemment pas dire le subsidiaire avant de savoir si on est vainqueur sur le principal ; mais pour moi, j'admets cette formule « l'éther est libre » mais je me souviens que nous avons été déjà battus sur la question de l'air libre. Dire que l'éther est libre, c'est presque un truisme, parce que l'éther n'est pas l'air : on ne sait même pas ce que c'est ! On vous demanderait, avant de dire « l'éther est libre », de définir l'éther, vous seriez extrêmement embarrassés... Aussi bien, je crois que le mieux serait de trouver, dans le cas d'une opposition systématique et victorieuse, une formule d'application : la transmission par l'éther ou par l'air, ou l'utilisation de l'éther est libre. Ce serait ainsi admettre le principe de la liberté sur lequel, je crois, nous sommes tous d'accord et prévoir la possibilité d'obtenir ce que nous demandons.

Je fais cette observation, parce qu'ayant assisté, dès le début, aux discussions sur la liberté de l'air, je sais que nous avons dû nous retirer sur nos positions.

M. MECKENSTOCK (Suisse). — Je me permets de faire une observation au sujet de cette formule : l'éther est libre. Un précédent orateur disait que l'éther couvre quelque chose ; pour moi, cela ne couvre rien du tout. On ne sait pas ce que c'est que l'éther. On déclare que l'éther est libre ; la liberté n'a d'intérêt que quand celui qui est libre peut faire usage de sa liberté : l'éther se moque de la liberté ! Cela sort tellement du contexte du projet que quand on parle de l'usage de la liberté on ne parle plus de l'éther.

On dit au début : « l'éther est libre » ; donc, il peut faire de sa liberté l'usage qu'il veut. Et puis on continue :

« Sans préjudice du droit de réglementation qui appartient à chaque « Etat, l'usage de cette liberté ne doit pas avoir pour effet de troubler « l'ordre public... »

Vous ne pouvez pourtant pas dire que l'éther trouble l'ordre public !

Qu'on mette, si on veut : « l'usage de l'éther est libre, l'utilisation de l'éther est libre », mais cette formule « l'éther est libre » qui a l'air d'une déclaration des droits de l'Homme et du Citoyen, me paraît fausse.

M. HOMBURG, *rapporteur général.* — Je réponds d'un mot en indiquant que ce que nous avons en vue ce n'est pas la liberté de l'éther ; c'est la liberté pour les hommes de se servir de l'éther.

M. MECKENSTOCK. — Moi, je constate ce que dit la formule qui nous est soumise.

M. HOMBURG, *Rapporteur général.* — De même que quand on dit : l'air est libre, cela veut dire que les aviateurs ont toute liberté d'utiliser l'air.

M. PITTARD. — Oui, mais on a remplacé cette formule par : la circulation aérienne est libre.

M. HIRSCHFELD (U. R. S. S.) — Pour nous, la formule : l'éther est libre est assez précise ; cela veut dire la liberté d'employer l'éther pour des radiocommunications. Mais, de l'avis de la Délégation soviétique, il ne faut pas confondre ces deux principes : la liberté de l'air et la liberté de l'éther, car il y a une grande différence entre ces deux principes.

La Délégation soviétique propose de ne pas préjuger la solution en ce qui concerne la liberté de l'éther et de ne pas discuter la question de la liberté de l'air, parce que, pour nous, du point de vue de l'U.R.S.S. l'air n'est pas libre ; c'est-à-dire qu'il y a une souveraineté absolue de l'État.

Vous voyez qu'il y a une différence de point de vue et de principes, une différence fondamentale. C'est pourquoi nous proposons de maintenir : la liberté de l'éther.

M. H. Konic (Pologne). — Je voudrais faire une observation d'ordre général.

Je suis ici délégué de la Pologne. Le Gouvernement professe une grande estime pour notre congrès mais il ne saurait, en aucune façon, être responsable de mes paroles. J'exprime mon opinion personnelle et sans engager la responsabilité du Gouvernement polonais. Je voudrais que cela fût marqué au procès-verbal.

En ce qui concerne le texte de l'article proposé par M. Homburg, je crois que les observations qui ont été faites ici sont tout à fait justes. Qu'est-ce que c'est que l'éther ? On ne peut pas, dans une convention juridique, employer des mots qui ne disent rien. Je crois qu'il vaut mieux dire : « utilisation de l'air ». Cela, c'est exact, on le comprend ; mais l'éther, on ne sait pas ce que c'est. Je crois qu'il faut changer le texte conformément aux observations qui ont été faites par les deux orateurs qui m'ont précédé.

M. le Président. — Vous voyez qu'il y a deux propositions qui sont opposées ; l'une tend au maintien des mots « l'éther est libre » ; l'autre demande que l'on adopte les mots : « l'utilisation de l'air est libre ».

M. Tirman (France). — Cette formule de « l'éther est libre » n'est pas nouvelle ; elle a reçu la consécration d'un vote au congrès de Paris en 1925, et, bien mieux, l'Association pour la protection littéraire l'a faite sienne. Cette formule laisse peut-être à désirer, mais elle a une origine historique ; on a simplement transposé la formule célèbre de *Grotius* : la mer est libre, non pas que l'on vise par cette formule la liberté des mouvements de la mer, mais bien la liberté pour les marins de disposer de la mer.

Voilà l'origine historique de cette formule ; il ne s'agit pas d'affirmer la liberté de l'éther, mais la liberté pour les citoyens d'utiliser l'éther.

M. le Président. — Quelqu'un demande-t-il encore la parole ?

M. Eichenwalt U. R. S. S. — Je comprends cette formule de l'éther est libre. C'est quelque chose de vague, l'éther, mais tout de même on peut l'accepter. Mais voilà ce que je ne comprends pas : comment cet usage de l'éther peut-il troubler l'ordre public ? comment peut-il troubler la sécurité des États ? Car ce sont les mots que nous trouvons dans le texte de la convention. Dans le cas de la circulation aérienne, il est évident que l'on peut troubler l'ordre public ou nuire à la sûreté de l'État : un État n'est jamais sûr qu'un avion ne viendra pas jeter des bombes sur son territoire. Mais la situation est toute différente quand il s'agit des ondes électromagnétiques : il ne peut pas y avoir de trouble de l'ordre public. Du moment où vous avez un poste plus fort que celui qui trouble votre ordre public, ce dernier ne peut plus le troubler. Au surplus, si vous n'êtes pas en guerre avec l'État dont le poste vous dérange, vous n'avez qu'à demander que l'on mette fin à la gêne qui vous est causée.

M. TIRMAN. — Il semble que la réponse à votre observation soit dans le texte que vous avez sous les yeux et où il est dit que la liberté de l'utilisation de l'éther ne doit pas apporter de gêne à la liberté des communications tant internes qu'internationales.

M. EICHENWALT. — Justement !

M. TIRMAN. — Mais on vise un autre cas quand on dit que l'usage de cette liberté ne doit pas avoir pour effet de troubler l'ordre public. On ne vise plus ici les procédés quelconques qui sont employés pour les radiodiffusions, mais bien la substance cérébrale qui est transmise par les ondes hertziennes. Voilà ce qui est dangereux. Voilà pourquoi on dit : vous pouvez utiliser l'éther, d'abord, en employant des procédés techniques qui n'aillent pas gêner vos voisins, qui ne puissent pas gêner les communications internes ou internationales ; en outre, vous n'avez pas le droit de lancer par l'éther des nouvelles de nature à troubler l'ordre public, à porter atteinte à la sécurité de l'État.

Ici, nous visons donc, non pas l'utilisation de l'éther par des procédés techniques quelconques, mais bien la matière intellectuelle transmise par l'éther.

M. EICHENWALT (U. R. S. S.) — Alors, il fallait le dire dans le texte, parce que ces mots : liberté de l'éther prêtent à confusion.

M. HIRSCHFELD (U. R S. S.) — Je partage cette manière de voir, d'autant plus qu'il y a un article, dans la convention télégraphique et radiotélégraphique qui vise le cas où on autorise l'État à suspendre le trafic. Nous comprenons très bien qu'il y a des cas, au point de vue politique, où telle ou telle communication peut être dangereuse ou paraître dangereuse. Alors, l'État, jouissant de son droit de souveraineté peut interdire la transmission de tel ou tel télégramme ; mais il ne faudrait pas mettre ceci dans le paragraphe qui vise la liberté de l'éther.

M. LE PRÉSIDENT. — Il conviendrait qu'une proposition ferme fût formulée sur ce point. Comment comprendriez-vous cette proposition ? L'article premier ne comporterait que la liberté de l'éther.

M. HIRSCHFELD. — Oui ; c'est-à dire que nous ne maintiendrions que les phrases ou les expressions qui se rapportent uniquement à la radiotélégraphie, en écartant pour le mettre ailleurs ce qui a trait à l'ordre public, à la sûreté des États.

M. TIRMAN. — En maintenant cependant le droit de réglementation qui appartient à chaque Etat ?

M. LE PRÉSIDENT. — Oui, en somme, il n'y aurait que cette double déclaration : l'éther est libre sans préjudice du droit de réglementation qui appartient à chaque Etat.

M. HIRSCHFELD. — Et à condition de n'apporter aucune gêne à la liberté des communications tant internes qu'internationales.

M. LE PRÉSIDENT. — Voulez-vous rédiger un texte et me le faire tenir.

M. HIRSCHFELD. — Avec plaisir.

M. TIRMAN. — Je reviens à la question du plan à adopter.

Il semble que cette proposition, cette déclaration de principe soit un facteur commun, en quelque sorte, de la convention entière, quelles que soient les formes d'application envisagées.

M. HOMBURG, *rapporteur général.* — Evidemment, les principes généraux doivent s'appliquer dans tous les cas et parmi ces principes généraux il y a la constitution de l'Union.

M. TIRMAN. — Je crois que plusieurs de nos collègues voudraient voir, noir sur blanc, comment se comporterait la structure de la convention si on tient compte de votre plan. Peut-être à une prochaine séance pourriez-vous nous donner, non pas la convention, mais les têtes de chapitres avec la disposition des articles ? Chacun pourrait ainsi se rendre compte.

M. J. BUSER (Suisse). — Je me permets d'émettre une opinion personnelle. La formule employée est un simple postulat qu'il ne s'agit pas de mettre dans une convention ; il s'agit d'un simple postulat destiné à assurer la liberté des communications. Nous avons la même chose dans les Postes et Télégraphes : les États ont l'obligation de mettre à la disposition du public un nombre suffisant de fils ; ici, nous avons la même chose. L'effet pratique de ce postulat se trouve déjà dans la convention :

« Les Hautes Parties contractantes, à condition de se conformer à « tous les engagements imposés par la présente convention et le Règlement y annexé, reconnaissent le droit de deux Etats contractants dont « les frontières ne sont pas contiguës, d'organiser des communications « radiotélégraphiques au-dessus du territoire d'autres pays contrac- « tants ».

C'est l'effet pratique de ce postulat. Mais on pourrait peut-être dire qu'il faudrait compléter cet alinéa 2, parce que le mot radiotélégraphique est trop étroit ; on pourrait compléter ce texte pour y comprendre le mot radiodiffusion.

M. LE PRESIDENT. — La proposition de M. Buser consisterait donc à compléter les dispositions de l'article 23 tel qu'il est établi, en ajoutant aux mots « communications radiotélégraphiques » les mots « radiodiffusion ».

M. BUSER. — Et à supprimer les mots : « l'éther est libre ».

M. LE PRÉSIDENT. — D'ailleurs, dans l'article 23 cette formule : l'éther est libre n'existe pas. C'est le congrès de Paris qui a introduit la notion de la liberté de l'éther.

M. MECKENSTOCK (Suisse). — Je suis tout à fait d'accord pour la suppression de cette phrase « l'éther est libre ». Je suis malheureusement juriste et j'aime les textes clairs. Or, je ne sais pas ce que c'est que l'éther. Je sais ce que c'est que la mer, mais je sais aussi qu'après cette affirmation : la mer est libre, il y a immédiatement des restrictions, où l'on réserve la souveraineté de l'Etat aux dépens de la liberté.

M. HOMBURG, *rapporteur général.* — C'est une liberté relative.

M. MECKENSTOCK. — Comme toutes les libertés !

M. HOMBURG, *rapporteur général.* — Nous n'innovons pas, nous appliquons un principe général.

M. MECKENSTOCK. — Biffez la liberté de l'éther, cela vaut mieux.

M. PITTARD. — Mettez : l'utilisation de l'éther.

M. LE PRÉSIDENT. — En somme, la discussion roule sur ce point : le Congrès de Paris avait arrêté ce texte où se trouve la phrase « l'éther est libre ». Il y a une opinicn contraire qui consiste à revenir au texte primitif de la convention de Washington où ces mots ne figurent pas et où une définition de l'utilisation de l'éther existe.

M. YOUPIS (Grèce). — Je trouve que cette expression : « l'éther est libre » n'exprime pas bien la réalité des faits et qu'elle est même dangereuse, parce que, probablement, les Etats n'admettront pas ce principe trop général.

Je proposerai donc une autre rédaction :

« La transmission des signes et des sons par l'éther est libre ».

En effet, sur cette formule, on a fait plusieurs objections, en faisant valoir, non-seulement que cette phrase est elliptique, mais encore que ce principe, exprimé de cette façon, ne peut que soulever des objections sérieuses de la part des divers Etats jaloux de leur souveraineté, ainsi que le fait s'est produit, au sujet de la conférence aérienne de Paris de 1919, dans la question parallèle de la liberté de l'air.

Je trouve que ces observations sont fondées et c'est pourquoi je propose de corriger l'imprécision et la rigidité de la formule en la remplaçant par la phrase que je donnais tout à l'heure : « La transmission de signes et de sons par l'éther est libre ».

En ce qui concerne la proposition de la Délégation soviétique, de biffer de cet article les mots : « de troubler l'ordre public, de porter atteinte à la sûreté des États », je me permets de faire remarquer que ces phrases doivent rester.

En effet, une fois posé le principe de la liberté des transmissions radioélectriques, on y apporte quatre restrictions, dont les deux dernières sont d'ordre physique. Les deux autres, visées par le Délégué des Soviets sont d'une nature différente, comme le faisait remarquer M. Tirman. Elles n'ont pour but que d'empêcher les communications qui pourraient nuire à l'ordre public et à la sûreté des États, en raison de leur teneur subversive et tendancieuse ; mais elles ne sont pas pour cela moins indispensables.

Je suis même d'avis que l'on devrait y ajouter une nouvelle restriction pour prévenir les atteintes aux bonnes mœurs à côté de celles qui peuvent viser la sûreté des Etats. Cette nécessité se révèlera plus impérieuse lorsque la téléphotographie sera développée, car alors on pourra parfaitement transmettre, par exemple, des photographies obscènes.

M. LE PRÉSIDENT. — Pour faciliter la discussion il faudrait que les auteurs de propositions voulussent bien les rédiger et en faire tenir le texte au Bureau.

En ce moment, M. Youpis ne fait aucune proposition ; il se contente de remplacer la formule « l'éther est libre » par celle-ci « la transmission des signes et sons par l'éther est libre ».

M. KONIC (Pologne). — Dans ce cas, je proposerai de supprimer la première phrase qui est tout à fait inutile « L'éther est libre » mais de dire, par contre :

« Sans préjudice du droit de réglementation qui appartient à « chaque Etat, l'usage de la liberté de l'air ne doit pas avoir pour « effet de troubler l'ordre public... etc... »

Je crois que quelqu'un a dit que l'expression « l'ordre public » n'était pas claire. Je ne pense pas comme lui. Au contraire, dans toutes les législations, comme par exemple dans le Code Napoléon, nous trouvons cette expression « l'ordre public ». Par conséquent cette forme est parfaitement compréhensible.

Je propose donc de biffer purement et simplement la première phrase sur la liberté de l'éther et de commencer simplement par la deuxième phrase telle que je viens de l'énoncer.

M. HISSCHFELD (U. R. S. S.). — La Délégation soviétique ne tient pas particulièrement à cette formule : l'éther est libre. Ce qui est essentiel, c'est que la liberté des communications radioélectriques, de la radiodiffusion, soit déclarée ; là est l'essentiel.

En ce qui concerne notre proposition de faire disparaître la partie de l'article qui a trait à l'ordre public, à la sûreté de l'Etat, aux mesures propres à assurer la sauvegarde de la vie humaine ou d'apporter une gêne à la liberté des communications tant internes qu'internationales, je voudrais simplement souligner ceci.

Nous comprenons très bien, ainsi que les Délégués de la Grèce et de la Pologne, qu'il existe des cas où la teneur des communications pourrait porter préjudice à la sûreté des Etats ; de même, nous sommes ardemment partisans de la protection des bonnes mœurs ; mais ce que nous avons voulu dire par notre proposition, c'est que ce paragraphe ne doit pas être ici, parce que, à notre avis, ces restrictions ne sont pas du domaine de la conférence. A notre avis, ce paragraphe ne doit viser que des restrictions d'ordre physique, sur la matérialité des communications. Nous avons conservé la sauvegarde de la vie humaine parce que, évidemment, dans ce cas, les télégrammes jouissent d'une priorité de transmission. Pour tout ce qui concerne la souveraineté de l'Etat, c'est une chose évidente. Voilà pourquoi, sans hésiter, nous proposons de biffer les restrictions visant les communications qui auraient pour effet de troubler l'ordre public ; d'autant plus qu'il y a déjà un article qui vise le droit pour les Etats de suspendre le trafic et d'empêcher la transmission des télégrammes qui peuvent porter atteinte à la sûreté de l'Etat.

M. le Président. — Nous avons donc à voter sur la proposition de la Délégation soviétique que ces messieurs voudront bien rédiger et me faire tenir. Nous avons ensuite la proposition de M. Konic qui consiste en celle-ci : on supprime la formule « l'éther est libre » et la rédaction de l'article devient alors :

« Sans préjudice du droit de réglementation qui appartient à chaque « Etat, l'usage de la liberté de l'air ne doit pas avoir pour effet de « troubler l'ordre public, etc...

M. Pittard. — L'usage de la liberté de l'éther.

M. le Président. — Non, M. Konic a dit : la liberté de l'air.

M. de Lapradelle. — Je proposerai la rédaction suivante qui me parait résumer les diverses opinions émises :

« Les utilisations radioélectriques sont libres, sans préjudice du droit « de réglementation interne qui appartient à chaque Etat.

« L'usage de cette liberté ne doit pas avoir pour effet de troubler « l'ordre public tant interne qu'international. »

Il me semble qu'il faut énoncer des principes généraux ; mais, comme le faisait remarquer le Délégué de l'U. R. S. S., il y a des articles spéciaux dans la convention qui visent le droit des Parties contractantes d'arrêter la transmission des radios pour la sauvegarde de l'ordre public.

M. LE PRÉSIDENT. — Voulez-vous déposer votre proposition sur le Bureau ?

M. PITTARD (Suisse). — Je crois que nous allons, je ne dirai pas perdre, mais employer beaucoup de temps à des discussions de textes. Au fond, notre but n'est pas d'apporter à Washington un texte à opposer à celui qui sera mis en discussion. En agissant différemment, je crois que nous gagnerons infiniment en profondeur ce que nous perdrons en surface. Je crois qu'il faudrait voter des décisions de principe. Que nous nous en tenions à la formule « l'éther est libre » ou que nous disions « l'utilisation de l'éther est libre », l'important n'est pas là. J'ai expliqué tout à l'heure ce qui s'est passé au sujet de cette formule, parce que l'Histoire aide à comprendre le Présent, mais ne donnons à nos Délégués éventuels qu'une façon de raccourci, un exposé de nos motifs ; n'ayons pas de paragraphes complètement rédigés, mais des formules de principe. Nous demandons la liberté. Nous reconnaissons le droit de l'Etat de veiller à sa conservation, à son indépendance ; nous reconnaissons, en somme, les droits primordiaux des Etats. Que vous mettiez cela sous telle ou telle forme, cela nous est égal, parce que j'estime que nous aurons déjà suffisamment fait si notre Délégué fait passer la question de principe et s'il cède sur la question de rédaction. Autrement, vous aurez deux fois plus d'opposants : vous aurez ceux qui s'opposent à votre principe et ceux qui s'opposent à votre texte. On modifie un texte, mais un principe, c'est plus difficile. Je lâcherai peut-être nos textes à regret, parce que c'est toujours intéressant de formuler : c'est un peu notre métier ! Mais j'abandonnerai l'idée de formuler des textes quasi législatifs pour avoir des exposés de principes sur les points qui nous tiennent particulièrement à cœur. En cela je réponds à notre Rapporteur Général qui nous disait : désirez-vous faire un texte à opposer à celui du projet de convention de Washington, ou désirez-vous simplement faire des observations sur ce texte ?

Je dis qu'il vaut mieux faire des observations et formuler des principes que préparer des textes qui seront discutés quant au fond et quant à la forme.

M. KUCERA (Tchéco-Slovaquie). — Je me permets de faire une remarque. Notre Rapporteur Général a fait son travail et ses propositions sur les bases du projet de convention de Washington ; mais cette convention est supprimée et remplacée par le cahier édité par les soins du Bureau International de l'Union télégraphique de Berne, renfermant les propositions des gouvernements. Or vous savez que dans ce gros cahier, qui fera seul l'objet des discussions de la conférence de Washington la liberté de l'éther figure à la page 19, comme proposition 27.

M. Homburg, *rapporteur général.* — Mais il y a un rappel P. W. article 23.

M. Kucera (Tchéco-Slovaquie). — Il y a :

« Les Hautes Parties contractantes déclarent la liberté de l'éther « pour la radioélectricité...

M. Tirman (France). — Ce texte peut parfaitement aller.

M. Homburg, *rapporteur général.* — Je voudrais dire quelques mots en réponse aux objections qui ont été formulées.

En ce qui concerne la proposition de M. Hirschfeld de supprimer dans l'article 1er le droit donné aux Etats d'arrêter les transmissions des télégrammes privés, il est évident que cette suppression n'a aucune importance, puisque cette mesure est visée à l'article 9 de la convention de Washington. Peu importe qu'elle soit prescrite par l'article 23, l'article 9 ou l'article 1er ! Il s'agit d'un simple déplacement de texte et non de la suppression d'un principe.

Relativement à la proposition de M. de Lapradelle d'employer l'expression « utilisation des ondes radioélectriques », je crois qu'elle est préférable à celle de M. Youpis qui parle des « transmissions ». Un des buts de notre congrès est d'attirer l'attention des Etats sur la nécessité de compléter l'objet de la convention de Washington par l'adjonction du mot « radiodiffusion ». M. Youpis exclut par sa proposition la radiodiffusion, parce que la radiodiffusion n'est pas de la transmission.

M. Youpis (Grèce). — J'ai dit : transmission des signes et des sons.

M. Homburg, *Rapporteur Général.* — Je préfère le mot « utilisation » qui est plus large et je suis d'accord avec M. Buser qui demande qu'on ajoute « radiodiffusion ». Je ne puis que me rallier à cette idée, puisque je la proposais moi-même !

Quant à l'adjonction des mots « bonnes mœurs », je pense qu'elle ne peut que compléter très heureusement la convention.

M. Tirman (France). — Je me rallie totalement aux observations présentées par M. Pittard. Nous devons porter tout notre effort sur des principes. Si nous pouvons leur donner une forme concrète au point de vue juridique, faisons-le, mais ne nous attardons pas trop à la forme ; tâchons de nous mettre d'accord sur des principes généraux qui seront présentés avec force à Washington s'ils sont présentés par l'unanimité du Congrès.

Voilà la vérité.

M. PITTARD (Suisse). — Nous pourrions former sur ce sujet un comité de rédaction.

M. TIRMAN. — Oui, mais la question de rédaction ne viendra qu'à la fin ; mettons-nous d'accord d'abord sur les principes directeurs.

M. LE PRÉSIDENT. — Les principes directeurs sont étroitement liés à la forme. Vous voyez que M. Konic demande que l'on fasse apparaître de nouveau l'idée de la liberté de l'air dans la convention de Washington M. le Représentant de l'U. R. S. S. désire qu'on biffe les mots « L'éther est libre » et qu'on supprime les restrictions relatives à l'ordre public. Ce sont là des modifications qui touchent au fond. Nous avons la proposition de M. de Lapradelle qui demande que l'on dise : « les utilisations radioélectriques sont libres ». M. Buser demande le retour aux dispositions de l'article 23, avec adjonction du mot « radiodiffusion ».

Voici comment se présentent les diverses propositions.

M. HIRSCHFELD (U. R. S. S). — Nous ne proposons pas de biffer la mention : « l'éther est libre ».

M. HOMBURG, *Rapporteur Général*. — Non, vous faites simplement un rappel à l'article 9 du projet de convention.

M. HIRSCHFELD (U. R. S. S.). — Nous avons dit que pour nous la formule importait peu : l'essentiel est qu'on ne dise pas deux fois la même chose.

M. DE LAPRADELLE. — Il n'y a pas répétition. L'article 9 ne vise que la transmission des télégrammes privés, alors que nous formulons un principe général, aussi bien pour la transmission des télégrammes officiels que pour celle des télégrammes privés. L'article 9 dit :

« Les Hautes Parties contractantes se réservent le droit d'arrêter la « transmission de tout télégramme *privé* qui pourrait paraître dange- « reux à la sécurité de l'Etat ou qui pourrait être contraire aux lois du « pays, à l'ordre et aux bonnes mœurs ».

Notre article ne fait pas double emploi avec l'article 9.

M. PITTARD (Suisse). — Je reviens à ma proposition de ne pas discuter la rédaction. Emettons des propositions fermes. Par exemple, je pose les questions suivantes : 1° Le Congrès est-il partisan de la liberté de l'éther ou de l'utilisation libre de l'éther ? 2° Le congrès est-il d'accord pour reconnaître que chaque Etat a le droit de réglementer sur son territoire l'utilisation de l'éther? 3° Reconnaissons-nous à l'Etat le droit de prendre telle mesure qu'il convient pour sauvegarder ses droits de conservation, l'ordre public, les bonnes mœurs?

Que le congrès se prononce sur ces différents points. Comment sera rédigée sa réponse, cela nous est égal.

M. LE PRÉSIDENT. — Il est certain que cette proposition a le mérite d'être claire. Mais il peut y avoir opposition entre ceux qui veulent conserver le mot « éther » et les autres.

M. PITTARD. — Mettez : utilisation des ondes herziennes.

M. LE PRÉSIDENT. — Le texte de M. de Lapradelle semblerait de nature à satisfaire tout le monde et faire disparaître les divergences sur ce mot « éther » ou « liberté de l'éther » :

« Les utilisations radioélectriques sont libres ».

Seriez-vous disposés à admettre ce texte ?

M. H. KONIC. — Je crois que la proposition de M. Pittard est la plus juste. Nous ne rédigeons pas une convention ; nous ne sommes pas à même de la rédiger. Nous pouvons simplement émettre des vœux et je crois que ce sont les principes proposés par M. Pittard qui doivent être admis.

M. PITTARD. — Sous quelque forme qu'on les rédige ensuite.

M. HIRSCHFELD (U. R. S. S.) — La délégation Soviétique se rallie à l'opinion émise par M. Pittard et par M. Konic.

M. LE PRÉSIDENT. — Alors, puisque M. Pittard a déposé une motion d'ordre, nous voterons sur les trois points de cette motion d'ordre.

M. PITTARD. — Nous demandons, sous quelque forme que ce soit, la liberté, l'usage libre des communications, de l'utilisation des ondes hertziennes. Je demande — et en cela je suis d'accord avec les précédents orateurs — que ce vœu soit rédigé à la fin du Congrès. Un Comité de rédaction sera chargé de cette tâche. Il s'inspirera des trois principes sur lesquels nous sommes d'accord. Premier principe : liberté. Deuxième principe : droit de réglementation de l'Etat. Troisième principe : droit de sûreté de l'Etat.

La Comité de rédaction traduira tout cela en formules brèves et en autant de propositions.

M. TIRMAN (France). — Je crois que nous pouvons nous prononcer immédiatement sur les principes, pour que le Comité de rédaction puisse mettre les formules au point. Nous pouvons dire que le Congrès actuel se déclare solidaire du Congrès de Paris, sous réserve de la rédaction à adopter.

M. LE PRÉSIDENT. — Le Comité de rédaction serait composé des membres qui ont pris part à la discussion : MM. Hirschfeld, Konic,

Pittard, Homburg, de Lapradelle, Je mets cette proposition aux voix.

La proposition est adoptée.

M. KUCERA (Théco-Slovaquie). — Alors, les principes exposés par M. Pittard sont admis ?

M. LE PRÉSIDENT. — Nous allons voter sur ce point.

M. Pittard a fait une proposition. Il demande que les principes seuls soient affirmés et qu'un Comité de rédaction soit chargé d'en arrêter les formules.

Je mets cette proposition aux voix.

La proposition est adoptée.

Nous passons maintenant au paragraphe suivant : B. Transmission des communications. Ce paragraphe contient tout d'abord l'article 4 du projet de convention qui est ainsi conçu :

« Les Hautes Parties contractantes s'engagent à prendre toutes me-« sures compatibles avec le système de communication adopté par « elles en vue d'assurer la bonne transmission des communications ».

La parole est au Rapporteur Général.

M. HOMBURG, *rapporteur général*. — Je crois qu'il est nécessaire de donner lecture également de l'article 5 et du vœu annexe, proposé par le Comité.

« Art. 5. — Elles déclarent n'accepter de responsabilité relative-« ment au service international télégraphique ou radiotélégraphique « ou relativement au contenu des télégrammes ou radiotélégrammes « internationaux que dans la mesure où cette responsabilité reste ou » restera admise pour les autres modes de communication ».

« Vœu annexe : Il est désirable que les communications assurées « par les services de l'Etat soient soumises à la responsabilité de droit « commun ».

Il s'agit uniquement de savoir si les Etats chargés de transmettre les communications radioélectriques peuvent être exonérés ou s'exonérer eux-mêmes de toute responsabilité à ce sujet. Autrement dit, un État, assurant un service, doit-il, oui ou non, en supporter les conséquences ?

La question s'est déjà posée en matière de colis postaux. Vous connaissez la nouvelle convention à ce sujet et vous avez peut-être entendu parler de la loi française du 1er Janvier 1926, par laquelle la responsabilité de l'Etat peut être engagée en matière de transport de colis postaux. Par conséquent, nous avons des précédents juridiques qui nous permettent de mettre en discussion les principes contraires posés par le projet de convention.

Il semble, d'ailleurs, que l'on puisse admettre des degrés dans cette responsabilité. Elle pourra par exemple être plus forte quand il s'agira de télégrammes collationnés et réduite pour les télégrammes ordinaires.

Une autre question, qui a son importance et que je soumets à votre approbation, est celle de savoir si les Etats ne pourront pas contracter une assurance spéciale contre les risques de retard ou de mauvaise transmission.

La discussion pourrait être ouverte sur le point principal : la responsabilité de l'Etat, et subsidiairement, s'il est déclaré responsable, la possibilité d'une assurance contre les risques de retard et de mauvaise transmission.

M. LE PRÉSIDENT. — La discussion est ouverte. Je donne la parole à M. Hirschfeld.

M. HIRSCHFELD (U. R. S. S.). — Je déclare que je ne comprends pas très bien ce paragraphe B. Actuellement, la responsabilité est très limitée, elle est même nulle. En effet, cette responsabilité est très précisée : elle est limitée au remboursement de la taxe perçue. Je ne comprends donc pas ce paragraphe B ; ou alors, pour l'appliquer, il faudrait, comme le disait le Rapporteur Général, établir diverses catégories de responsabilités ; or, personnellement, je ne crois pas que ce soit possible.

M. HOMBURG, *rapporteur général*. — Mes explications avaient pour but de demander au Congrès de se prononcer sur le principe suivant : l'Etat qui transmet un radiotélégramme est-il tenu en vertu de la responsabilité de droit commun, avec toutes ses conséquences, ou d'une responsabilité exceptionnelle, telle qu'elle découle des conventions actuellement en vigueur? C'est toute la question.

M. HIRSCHFELD (U. R. S. S). — Je comprends, mais j'estime que la réponse est déjà donnée. Il s'agit d'une responsabilité exceptionnelle.

M. HOMBURG, *rapporteur général*. — Nous demandons, nous, la responsabilité de droit commun. Par conséquent, vous êtes contre les propositious du Comité.

M. LE PRÉSIDENT. — La discussion est ouverte sur cette question. Quelqu'un demande-t-il la parole ?

Il faut observer que les conventions internationales ont toujours opiné dans le sens d'une responsabilité exceptionnelle de l'Etat, responsabilité la plus restreinte possible ; mais ce n'est peut-être pas une raison pour que la législation de l'avenir fasse de même.

M. TIRMAN (France). — M. Homburg invoque le précédent des colis postaux. On n'a pas opté en la circonstance pour la responsabilité de droit commun ; mais pour une responsabilité graduée et d'ailleurs assez intéressante : la responsabilité toute simple qui découle du retard dans la livraison du colis. Elle se traduit simplement par une remise de la taxe de transport et par le remboursement de la valeur du colis si celui-ci est avarié. Mais on a prévu aussi un terme d'intérêt à l'exactitude de la livraison ; il s'agit, par exemple, d'une robe de mariée qui n'arrive pas le jour dit ; alors, dans ce cas, il y a une déclaration d'intérêt à la livraison.

Peut-être pourrait-on s'inspirer de tout ceci, mais ce ne serait plus alors la responsabilité de droit commun. On pourrait dire, par exemple : il serait désirable d'envisager des barèmes tels que les intéressés puissent obtenir le remboursement du préjudice causé.

M. Youpis (Grèce). — Le paragraphe B me paraît trop large. Si nous admettons la responsabilité de droit commun pour l'Etat, celui-ci sera responsable même en cas d'erreur ou de délit d'un employé. Je suppose le cas d'un commerçant qui transmet un ordre d'achat à un correspondant ; l'employé de l'Etat ne transmet pas ou transmet d'une façon erronée : voilà un préjudice grave qui est causé à ce commerçant. Est-ce que ce préjudice, ou tout autre préjudice du même ordre qu'un commerçant pourrait subir, pourra être mis à la charge de l'Etat ? je crois, pour ma part, que ce serait exagéré.

Je suis partisan d'une responsabilité limitée de l'Etat, qui ne doit pas être totalement irresponsable, mais dont la responsabilité doit être limitée.

Je considère donc que ce paragraphe B, tel qu'il est rédigé, n'est pas admissible.

M. le Président. — M. Youpis propose donc l'adoption d'un principe suivant lequel la responsabilité de l'Etat serait strictement limitée.

M. Youpis (Grèce). — Oui, une responsabilité limitée au lieu de la responsabilité de droit commun. Il est désirable que les communications assurées par l'Etat soient soumises à une responsabilité limitée. Evidemment, cette formule ne dit pas grand chose...

M. Tirman (France). — On pourrait dire : une responsabilité déterminée.

M. Youpis (Grèce). — Si vous voulez, mais je ne veux pas que ce soit une responsabilité illimitée.

M. Hirschfeld (U. R. S. S.). — Est-ce que ce paragraphe B vise les communications internes et internationales ?

M. Homburg, *rapporteur général*. — Les communications internationales. Nous faisons une convention internationale. Les États sont libres de faire chez eux ce qu'ils veulent.

M. DE LAPRADELLE (France). — Il me semble que cette responsabilité doit être votée, dans la mesure où elle constitue la contrepartie du droit de contrôle de l'État. S'il s'agit de télégrammes transmis par des postes d'État ou par des postes concédés, dans les circonstances prévues par le décret français, il est certain que l'État, exerçant un contrôle effectif, devra être rendu responsable des fautes de service, puisqu'il contrôle l'exploitation de ces postes ; mais, pour les postes privés, sur lesquels il n'existe qu'un contrôle financier de l'État, il ne peut exister qu'une responsabilité très limitée, ou même, pas de responsabilité du tout.

M. KUCERA (Tchéco-Slovaquie). — La responsabilité de l'État est prévue dans l'article 3 de la convention télégraphique internationale de Saint-Pétersbourg : « Toutefois, elles [les H. P. C.] déclarent n'ac« cepter, à raison du service de la télégraphie internationale, aucune « responsabilité ».

Ce texte ne peut être modifié à la conférence de Washington, voici pourquoi. J'ai été membre de la conférence internationale télégraphique. Nous avions deux conventions, la convention télégraphique et la convention radiotélégraphique. On a proposé une modification à la convention télégraphique à la conférence de Paris, mais cette idée a été écartée. On a accepté la proposition de laisser la convention de Saint-Pétersbourg sans changement et de modifier seulement à Washington la convention radiotélégraphique. Mais après la conférence de Washington, on réunira une conférence qui fera une seule convention des deux et dans cette convention unique on pourra modifier la responsabilité de l'État, mais dans la convention de Washington, non.

M. LE PRESIDENT. — Vous avez entendu M. Kucera ; quelqu'un demande-t-il la parole ?

M. J. BUSER (Suisse). — Il me semble impossible d'introduire la responsabilité de l'État proposée par le Comité. Il faudrait se contenter de la responsabilité insérée dans les conventions à responsabilité restreinte. Si on voulait introduire la responsabilité de droit commun, on entraverait rapidement tout service et surtout tout développement du service. Les administrations seraient contraintes d'introduire un service de contrôle très sérieux pour se couvrir contre ces risques de responsabilité.

On pourrait peut-être introduire l'idée d'une nouvelle responsabilité pour retard, mais cette responsabilité devrait être étendue aux télégrammes et au téléphone ; cette responsabilité devrait être limitée à

50 francs ou à 100 francs par télégramme, comme cela est permis pour les postes. Si on veut établir la responsabilité de droit commun, il est certain que les taxes seront très notablement augmentées, au détriment des administrations et des particuliers qui auraient à payer ces taxes. C'est un peu la même question qui se pose dans les Postes pour les lettres ordinaires : si on voulait introduire la responsabilité pour les lettres ordinaires, il faudrait introduire aussi un nouveau contrôle très sérieux, et on ne pourrait le faire sans élever très sensiblement les taxes.

M. Eichenwalt (U. R. S. S.) — Je crois qu'actuellement la technique de la télégraphie sans fil est telle qu'il serait injuste d'imposer à l'État la même responsabilité que dans les cas ordinaires. La responsabilité doit demeurer restreinte jusqu'au moment où une technique plus parfaite permettra un contrôle plus complet et plus parfait aussi, en même temps que moins coûteux qu'il ne le serait en ce moment.

M. le President. — L'ensemble des opinions qui ont été exprimées semble bien être que la responsabilité de l'État doit être restreinte. Je crois que c'est l'idée que nous devrions exprimer et que, suivant les observations de M. Pittard, nous devrions charger le comité de rédaction de concrétiser dans une formule.

Je mets donc aux voix le principe de la responsabilité limitée et exceptionnelle de l'État. (*Le principe est adopté*).

Le comité de rédaction est invité en conséqucene à rechercher une formule pour exprimer ce principe.

M. Hirschfeld (U. R. S. S.). — Comme conséquence de notre vote, le paragraphe B devient sans objet et doit disparaître.

M. Homburg, *rapporteur général*. — Le Comité de rédaction va rédiger un vœu nouveau, en s'inspirant du vote, et le texte actuel disparait, bien entendu.

M. le President. — Nous passons au paragraphe C : Secret des communications.

Je donne la parole à M. Homburg, rapporteur général.

M. Homburg, *rapporteur général*. — En ce qui concerne le secret des communications, nous nous trouvons en face d'une question de terminologie. Nous avons rencontré au moment de la discussion les expressions de : langage chiffré, langage convenu, langage secret. Il semble qu'il n'y ait pas lieu d'innover en la circonstance et que les définitions contenues dans la convention de Saint-Pétersbourg doivent être déclarées applicables à la radioélectricité.

(*Assentiment général*).

Une autre objection a été faite, au sujet d'une contradiction possible entre les articles 4 et 8 du projet de convention. Certains ont vu une contradiction dans le fait que d'une part, (article 4) les États s'engagent à assurer le secret des communications et que d'autre part, (article 8) les États ne sont pas tenus d'admettre le langage secret.

Je ne crois pas qu'il y ait là contradiction. En effet, il y a deux questions absolument distinctes. L'article 4 envisage la question de l'obligation pour l'État d'assurer un service dans certaines conditions ; c'est la question du secret des communications. L'article 8 prévoit simplement le contrôle administratif : c'est la question du langage secret.

Il ne semble donc pas qu'il y ait même opposition entre l'obligation d'assurer un service et la nécessité d'un contrôle administratif par l'État. Nous vous proposons simplement de compléter l'article 4 du projet de convention par un texte précisant l'étendue des obligations de l'État.

« Cette obligation ne peut se rapporter qu'aux dispositions qu'elles « (les Hautes Parties contractantes) doivent prendre en vue d'édicter « des sanctions applicables à la captation et à la divulgation illicites « des communications, que celles-ci soient assurées en langage clair ou « en langage secret ».

Voici en ce qui concerne le secret des communications.

Quant à la question du langage secret, elle se pose au point de vue des télégrammes d'État, de service et privés.

Dans l'article 8 du projet de convention, il est dit que les télégrammes d'État et de service peuvent être envoyés en langage secret dans toutes les relations télégraphiques et qu'il en est de même des télégrammes privés. L'article est très clair. Mais, en ce qui concerne les télégrammes privés, nous allons nous trouver en présence de plusieurs objections, d'abord sur le principe lui-même, puis sur son application.

Certains ont dit que l'interdiction du langage secret dans les télégrammes privés était une interdiction absolument illusoire et de portée nulle, que les particuliers emploieront un langage clair, ayant un sens particulier, convenu à l'avance et qui, en réalité, équivaudra à un véritable langage secret.

Voici l'objection sur le principe.

En ce qui concerne l'application, la question prend deux aspects différents, suivant qu'il s'agira de l'emploi du langage secret entre deux États qui l'admettront ou entre deux États dont l'un ne l'admettra pas. Si les deux États l'admettent, il n'y a pas de difficulté et la faculté d'employer un langage secret ne soulève aucune difficulté. Nous n'avons, dans ce cas, qu'à mettre plusieurs conditions à l'emploi du langage secret. La première, c'est que la clé de ce langage soit communiquée aux États, puis qu'un destinataire soit indiqué et, au cas d'une installation de réception automatique, qu'une autorisation préalable soit demandée aux États.

Nous avons donc proposé le texte suivant :

« Les télégrammes privés peuvent être échangés en langage secret « lorsque le destinataire et l'expéditeur se trouvent chacun dans un « pays admettant cette catégorie de correspondance.

« Les Etats qui autoriseront le langage secret dans les télégrammes « privés pourront s'en faire communiquer la clé.

« En aucun cas le langage secret ne pourra être autorisé si un des- « tinataire n'est pas indiqué.

« Les installations de réception automatique seront soumises à « l'autorisation préalable de l'Administration. »

Il y a une dernière question qui concerne toujours l'application du langage secret dans l'échange des télégrammes privés ; c'est le cas où l'un des Etats n'admet pas le langage secret. En réalité, il y a ici une double question ; il y a, d'une part, la question du transit par dessus des Etats qui n'admettent pas le langage secret et, d'autre part, la question des télégrammes à destinations multiples ou sans adresse.

La question du transit est une question extrêmement grave ; elle est visée dans le dernier alinéa :

« Les Etats qui n'admettent pas les télégrammes privés en langage « secret, originaires ou à destination de leur territoire, doivent les « laisser circuler en transit par fil, sauf le cas de suspension du « service défini à l'article 10. »

En ce qui concerne l'autre question, celle des télégrammes à destinations multiples ou sans adresse, elle n'a pas été prévue à la convention. Vous déciderez s'il faut renvoyer à une session ultérieure cette question très intéressante et qui peut-être d'application presque courante.

M. le Président. — Nous pourrions d'abord discuter le principe général. J'ouvre la discussion sur l'article 1 du projet, visant le secret des communications.

M. H. Konic (Pologne). — Je crois que cet article ne peut pas soulever d'observations et que nous pouvons accepter ce texte qui est absolument juste.

M. Pittard (Suisse). — Je me permets de féliciter le rapporteur de cette nouvelle rédaction qui semble beaucoup plus conforme à ce que nous désirons : au lieu de formuler des règles, on émet des principes.

M. Homburg, *rapporteur général*. — Nous avons toujours travaillé dans ce sens, mais nous sommes bien obligés de donner la forme d'articles aux vœux que nous émettons.

M. Pittard (Suisse). — Cette dernière rédaction est bien préférable et j'en suis très heureux.

M. Homburg, *rapporteur général.* — Si les vœux sont rédigés dans une forme qui vous convient, il ne restera que la question des télégrammes aux adresses multiples ou sans adresse, que je demanderai d'étudier dans un prochain congrès, et en tous cas de signaler à Washington.

M. Pittard (Suisse). — Il faut certainement la signaler.

M. le Président. — M. Homburg fait une proposition suivant laquelle nous signalerons au congrès de Washington la question des télégrammes à destinations multiples ou sans adresse.

M. Pittard (Suisse). — Je me rallie à cette proposition.

M. le Président. — Quelqu'un demande-t-il la parole sur cette proposition ?... Personne ne demandant la parole, je la mets aux voix.

(*La proposition est adoptée.*)

Je prie le secrétaire d'en prendre note ; le compte rendu sténographique en donnera l'esprit et cette adjonction sera soumise au congrès de Washington.

Nous passons au paragraphe D : Sécurité de la vie humaine.

M. Homburg, *rapporteur général.* — Il me semble que la question de la protection de la vie humaine est un peu plus large que l'objet même du texte qui vous est soumis.

En effet, il résulte des travaux de nos comités que nous avons examiné la question à un triple point de vue : d'abord, au point de vue de la coopération des stations. Le projet de règlement (article XCIV) qui est annexé à la convention prévoit les mesures nécessaires pour assurer la sécurité de la vie humaine, en ce qui concerne les stations cotières ou des ports ; mais ni la convention, ni le règlement, ne prévoient de coopération entre les stations de T. S. F. dans le but de sauvegarder la vie humaine. Il semble que l'on doive recommander — et ce pourrait être un vœu du congrès — que toutes les stations aient à coordonner leurs efforts et qu'une liaison étroite soit établie entre elles.

Seconde question, d'ordre pratique : c'est qu'un même signal de détresse soit adopté, que ce soit sur terre, sur mer ou dans l'air. Jusqu'à présent, c'est le signal de 500 mètres qui a été réservé pour les appels de détresse. Doit-on conserver cette longueur d'onde ?

M. Tirman (France). — « Même signal », cela veut dire le même signal sur des longueurs différentes.

M. Homburg, *rapporteur général*. — Oui, je crois qu'il y aurait une modification à apporter à la rédaction.

Dernière question : celle de la répression de l'abus dans l'utilisation des signaux de détresse. Quelle sera la sanction dans ce cas?

M. Tirman (France). — En ce qui concerne l'adoption d'un même signal, on pourrait dire : un signal ayant les mêmes caractéristiques techniques, parce qu'il y a deux choses : il y a le signal lui-même et il y a la longueur d'onde.

M. le Président. — L'amendement de M. Tirman, en ce qui concerne l'article relatif à la sécurité de la vie humaine consisterait à rédiger le texte des vœux annexes à l'article XCIV comme suit :

« Il est désirable qu'un signal de détresse ayant les mêmes caracté-« ristiques techniques soit uniformément adopté par les Etats sur « terre, sur mer et dans « l'air ».

Evidemment, la formule « présentant les mêmes caractéristiques techniques » est peut-être plus exacte que celle qui consisterait à dire « sur la même longueur d'onde ». Elle réserve, en outre, l'avenir.

En ce qui concerne la coopération des stations, est-ce que nous émettons un vœu?

M. Pittard (Suisse). — Oui, cela vaudrait mieux.

M. Homburg, *rapporteur général*. — Nous inviterons les Etats à établir la coopération entre toutes les stations.

M. Eichenwalt (U. R. S. S.). — Il me semble qu'il y a là une question technique. Je ne sais pas si ce sont les mêmes signaux qui sont employés sur mer et sur terre ; je ne le crois pas.

M. Tirman (France). — C'est précisément pour corriger cette diversité des signaux que nous proposons ce vœu.

M. Eichenwalt (U.R.S.S.). — Techniquement ce serait impossible, puisque l'application de l'onde de 500 mètres sur terre n'aura pas de sens.

M. Tirman (France). — Pourquoi ?

M. Homburg, *rapporteur général*. — S'il y a un réseau de stations suffisant ?

M. Eichenwalt (U.R.S.S.). — S'il n'y en a pas ?

M. Homburg, *rapporteur général*. — Il faut l'établir, c'est pourquoi nous demandons la coopération.

M. Eichenwalt (U.R.S.S.). — Si vous parlez de pays d'étendue restreinte, oui, mais si vous parlez de pays présentant une étendue très grande, non.

M. Homburg, *rapporteur général*. — On peut changer la longueur d'onde.

M. EICHENWALT (U.R.S.S.). — Il faut changer la longueur d'onde et aussi la puissance, et ce sera déjà un autre signal.

M. HOMBURG, *rapporteur général.* — C'est possible.

M. EICHENWALT (U.R.S.S). — Qu'on dise que des signaux de détresse seront établis, je veux bien ; c'est une question juridique ; mais dire quels seront ces signaux, sur quelle longueur d'onde, c'est là une autre question que les techniciens étudieront.

M. LE PRÉSIDENT. — L'amendement de M. Eichenwalt serait donc : « Il est désirable que des signaux de détresse soient choisis. »

M. KONIC (Pologne). — Il me semble que M. Homburg a dit qu'il fallait modifier le texte qui nous a été soumis, mais il ne nous a pas dit quelle modification était proposée.

M. HOMBURG, *rapporteur général.* — Celle qui a été indiquée par M. Tirman et qui répond à mes préoccupations.

M. LE PRÉSIDENT. — La proposition de M. Tirman était que le signal de détresse ait les mêmes caractéristiques techniques. La formule de M. Eichenwalt est encore plus large. Il laisse à la conférence de Washington la faculté de déterminer, s'il le faut, un signal unique ou plusieurs signaux. En réalité, il n'y a pas d'opposition entre ces deux vœux et on peut voter sur celui de M. Tirman.

M. NUSSBAUM (Suisse). — Permettez-moi de vous indiquer que, tout dernièrement, à Londres, il a été décidé d'adopter, pour la navigation aérienne, le signal de détresse M. E. D. E. On a expressément refusé de se servir de S.O.S., pour ne pas créer de confusion entre les services de l'aviation et les services maritimes. Maintenant, je n'ai pas d'expérience dans ce domaine, mais j'ai vu, dernièrement, une communication du Bureau International, qui recommandait aux navires qui participaient à des signaux de détresse de ne pas en abuser, de faire le silence, aussitôt qu'ils se seraient aperçus que le signal de détresse a reçu la suite qu'il comportait. Il paraît que, dans certaines régions, comme dans le Channel, quand un signal de détresse se produit, il y a confusion, par suite de la multiplicité des appels de détresse des navires qui participent à la retransmission du signal ; de telle sorte qu'il paraît qu'exiger d'étendre cette coopération pour la retransmission à tous les éléments du service radiotélégraphique irait peut-être au delà des besoins réels.

M. EICHENWALT (U. R. S. S.). — Je crois que nous sommes ici dans un autre domaine : le domaine de la retransmission des signaux de détresse. Si un navire émet un signal de détresse, tous les navires, toutes les stations à proximité doivent répéter ce signal ; ceci est une hypothèse, mais le cas est tout autre quand il s'agit, par exemple, d'un tremblement de terre qui se produit quelque part et pour lequel on émet le signal de détresse pour des stations terrestres. Voilà pourquoi je voudrais une formule plus large pour les signaux de détresse.

M. TIRMAN (France) — Quand nous demandons que les mêmes signaux de détresse soient uniformément adoptés, cela correspond aux trois catégories : mer, terre et air. Nous disons : que de mêmes signaux de détresse soient uniformément adoptés, avec les mêmes caractéristiques pour la longueur d'onde, la puissance, etc...

M. LE PRÉSIDENT. — Je proposerai donc la formule suivante :

« Que de mêmes signaux de détresse, ayant les mêmes caractéris-
« tiques techniques soient uniformément adoptés par les Etats, sur mer,
« sur terre et dans les airs. »

Puisque personne ne demande la parole, je mets aux voix le texte ainsi modifié. (*Adopté.*)

Nous prenons le paragraphe E : Diffusion des nouvelles.

La parole est au rapporteur.

M. HOMBURG, *rapporteur général.* — L'exposé de la question va être extrêmement court.

Il s'agit de savoir si nous devons compléter la convention sur la diffusion des nouvelles.

Nous vous proposons, quant à nous, d'y insérer les articles qui vont être discutés après-demain relativement à l'utilisation commerciale des émissions.

Estimez-vous que c'est là la place de ces textes, ou pensez-vous que nous devons placer les textes sur l'utilisation commerciale en un autre endroit, ou bien les insérer dans une autre convention ?

Peut-être pourrions-nous réserver la question pour le moment où l'utilisation commerciale des émissions viendra en discussion ?

M. DE LAPRADELLE (France). — Il me semble que, sous cette rubrique, pourrait prendre place la discussion d'un vœu sur une question récente, celle de la diffusion des fausses nouvelles. On pourrait recommander à la Conférence de Washington d'étudier un mode de répression pour la diffusion des fausses nouvelles.

M. TIRMAN (France). — Très justement, au début, M. Homburg a fait remarquer qu'il y avait dans la convention de Washington une lacune en ce qui concerne la radiodiffusion. Il me semble que l'attention des Etats devrait être appelée sur l'utilité d'insérer dans la convention de Washington des dispositions visant la radiodiffusion et qui contiennent des prescriptions tendant au respect de la propriété intellectuelle et artistique, comme au respect de la propriété commerciale et industrielle.

Il me semble que la question n'est pas étrangère aux préoccupations de la conférence de Washington.

M. LE PRÉSIDENT. — Messieurs, vous avez entendu la proposition de M. Tirman ; quelqu'un demande-t-il la parole ?

M. HOMBURG, *rapporteur général*. — Devons-nous retenir la question de l'utilisation commerciale des émissions radioélectriques à cet endroit, ou devons-nous la réserver au cours de l'examen de la convention de Washington ? C'est une question d'ordre que je pose.

M. TIRMAN (France). — Si nous devons nous référer aux observations de M. Pittard, je crois, en tout cas, qu'il est utile d'attirer l'attention des délégués de Washington sur ces deux points : respect de la propriété littéraire et intellectuelle, respect de la propriété industrielle, toutes réserves étant faites au point de vue de la rédaction. Il y a là deux points intéressants. Il me semble qu'il est utile que ces questions qui ont été traitées dans des conventions internationales le soient ici.

M. HOMBURG, *rapporteur général*. — Si cette proposition était adoptée, je voudrais attirer l'attention du Congrès sur son importance. Nous entrerions implicitement dans le système que j'indiquais : faire une convention qui ne viserait que la radioélectricité et qui comprendrait tous les textes touchant à la matière.

Nous nous trouverions, sur ce terrain, d'accord avec certains représentants de l'Institut de Coopération Intellectuelle, qui ont ainsi proposé de disjoindre de la convention de Berne, les textes traitant du droit d'auteur dans ses rapports avec la radiophonie ; nous nous rencontrerions également avec d'autres grands organismes sur un terrain commun, à savoir l'élaboration d'une convention générale traitant de tous les problèmes de la radioélectricité et qui constituerait le Code International, non pas de l'air, mais de l'éther.

M. PITTARD (Suisse). — Je propose que l'on ajoute ici ces dispositions ; la Conférence de Washington saura bien les retrancher si elle le juge utile.

M. LE PRÉSIDENT. — En somme, votre proposition serait ?

M. PITTARD (Suisse). — De placer ici les dispositions que nous étudierons demain ou après-demain.

M. HOMBURG, *rapporteur général*. — Il s'agirait de faire rentrer dans le cadre d'une convention générale sur la Radioélectricité toutes les questions traitant de la radioélectricité. Ceci équivaudrait à une disjonction.

M. PITTARD (Suisse). — Cela nous est égal.

M. HOMBURG, *rapporteur général*. — Demain vous allez être saisis d'une modification à la convention de Berne et après-demain d'une modification à la convention de Paris. En ce qui concerne la concurrence déloyale, les textes vont se présenter sous forme d'amendements.

M. PITTARD (Suisse). — Rien ne nous empêchera d'émettre un vœu demandant que tout soit mis dans une seule convention.

M. HOMBURG, *rapporteur général.* — Oui, mais je serai obligé de vous rappeler demain les vœux que vous adoptez aujourd'hui.

Si le Congrès estime que l'on peut faire une convention générale, on peut l'indiquer.

M. TIRMAN (France). — On peut faire un cahier général de vœux relatifs à la radioélectricité et l'envoyer à Washington.

M. LE PRÉSIDENT. — Le Congrès estime-t-il qu'il est nécessaire de rédiger une sorte de cahier de vœux relatifs à la radioélectricité en demandant leur introduction dans une seule convention?

Je mets cette proposition aux voix. (*La proposition est adoptée*).

Les vues du Congrès seront transmises à Washington.

Il nous reste à étudier la question du droit de vote des Etats : vœu annexe à l'article 22 du projet de convention. Le texte qui nous est soumis est ainsi conçu :

« Chaque Etat aura un nombre de voix proportionnel à son importance économique ».

Cette question peut entraîner une discussion assez longue. Voulez-vous l'étudier immédiatement ou la renvoyer à demain ?

M. PITTARD (Suisse). — Je propose de ne pas prendre position sur ce point. C'est un sujet beaucoup trop délicat, qui sort de notre compétence.

Nous disons que c'est une question extrêmement grave. Je citerai, pour ceux de nos collègues qui ne s'occupent pas des questions de l'aviation, les difficultés que nous avons eues à cause de la convention de Paris, qui fixait le vote des Etats d'une façon très particulière ; cela a empêché tous les anciens Etats neutres d'entrer dans la convention, parce qu'ils réclamaient contre le fait de donner plus de voix à tel ou tel Etat. Nous avons même discuté la question à Monaco et personne n'a pu apporter une justification à l'appui de cette distinction d'un Etat en grand ou petit Etat et, finalement, dans des conférences qui ont eu lieu à Copenhague entre les Etats ex-neutres de 1914, on a demandé l'égalité entre les Etats. En dernière analyse, même les Etats qui avaient le plus de voix, qui avaient par conséquent la majorité, ont adopté ce système.

Vous touchez donc ici un point extrêmement délicat, celui de faire des catégories d'Etats et en pareille matière il faut être extrêmement prudent. Quand il s'agit de contributions, de cotisations, c'est autre chose, mais s'agissant du droit de vote, vous touchez un problème de droit public international que je ne me charge pas d'élucider, mais qui est extrêmement grave.

Je propose de passer à l'ordre du jour.

M. Hirschfeld (U. R. S. S.). — La Délégation soviétique se rallie entièrement à l'opinion de M. Pittard en ce qui concerne la délicatesse de cette question ; mais, malgré cela, elle est d'avis que la question doit être discutée. Nous avons, en effet, des données assez précises sur ce sujet et il serait intéressant d'échanger des points de vue ; justement en raison de l'importance de cette question, la Délégation propose de la renvoyer à la séance de demain.

M. Tirman (France). — Je suis très frappé des observations de M. Pittard qui nous font toucher du doigt l'étendue et la limite de notre compétence. Nous ne sommes pas ici une conférence diplomatique internationale ; nous ne sommes pas réunis autour du tapis vert ; nous sommes un organisme privé qui emploie sa compétence à l'étude de questions juridiques et techniques particulières. Je crois qu'il faut prendre grand soin de ne pas empiéter sur les droits des Etats pour paraître vouloir les guider dans une question infiniment délicate sur laquelle les susceptibilités sont grandes.

Bornons-nous à la tâche de fixer les règles juridiques qui dominent la matière, tâchons de les énoncer aussi clairement que possible, mais ne compliquons pas notre tâche et tentons d'aboutir à des résultats pratiques.

M. le Président. — Nous sommes saisis de deux propositions : celle de M. Pittard, de passer à l'ordre du jour ; celle de M. Hisrchfeld demandant que la question soit discutée, et la discussion renvoyée à demain. Les deux propositions sont donc absolument opposées.

M. Hirschfeld maintient-il sa proposition ?

M. Hirschfeld (U. R. S. S.). — Oui, mais je voudrais faire remarquer à M. Pittard que même si on ne doit pas aboutir à un vote définitif, on pourrait échanger des vues.

Pittard (Suisse). — A quoi cela servira-t-il ? Nous n'aurons pas le temps de finir la discussion !

M. Hirschfeld (U. R. S. S.). — Nous avons traité déjà des questions aussi importantes, par exemple celle de la liberté de l'éther qui touche à la souveraineté des Etats...

M. Pittard (Suisse). — Non !

M. Hirschfeld (U. R. S. S.). — Vous avez mentionné des restrictions qui touchent à la souveraineté de l'Etat et qui sont aussi délicates.

M. PITTARD (Suisse). — Non, l'égalité des Etats est le point le plus délicat. Je ne dis pas quel est mon point de vue, je dis que ce n'est pas le lieu de l'indiquer. Nous ne sommes pas des diplomates qui faisons du droit public international ; nous faisons un droit technique, spécial, pour lequel nous sommes compétents. Quand nous disons que l'éther est libre, c'est un vœu, une formule, comme disait M. Buser et nous sommes dans la matière pour laquelle nous sommes compétents ; mais quant à prévoir dans une convention le régime de cette convention, ceci n'est plus de la T. S. F., c'est du droit international public pur, de l'application des traités : c'est de la procédure internationale. Evidemment ce serait très intéressant et je suis prêt à discuter ce point avec M. HIRSCHFELD, peut-être même serons-nous d'accord. Mais je le répète, je ne crois pas qu'il appartienne à notre congrès de prendre une décision.

M. KONIC (Pologne). — Nous sommes un congrès de juristes privés ; ce congrès n'est pas officiel. Cependant, nous pouvons émettre des vœux, et, notamment, nous pouvons émettre le vœu que les Etats soient égaux. Je ne sais pas si cela peut faire tort à quelqu'un, mais c'est un vœu, nous pouvons l'émettre et je suis d'avis que nous devons l'émettre.

M. HIRSCHELD (U. R. S. S.). — Une simple observation : je connais le programme général des travaux du Comité ; il y a des questions qui comportent l'étude du droit international public, or c'est une de ces questions du droit international public que nous allons aborder.

M. PITTARD (Suisse). — En T. S. F.

M. HIRSCHFELD (U.R.S.S.). — Oui, nous abordons toutes les questions qui concernent le régime international de la T.S.F ; alors, je ne vois pas d'inconvénient à ce que nous abordions celle-ci.

M. LE PRÉSIDENT. — En tout état de cause, nous ne pourrons discuter cette question, assez grosse, que demain si nous la discutons. Voulez-vous que nous votions ce soir sur l'opportunité de discuter la question et que nous reportions la discussion, le cas échéant, à demain ?

M. PITTARD (Suisse). — Je maintiens ma proposition.

M. LE PRÉSIDENT. — Alors, je mets aux voix la proposition de M. Pittard demandant que l'on passe à l'ordre du jour. (*La proposition est repoussée*).

(*La séance est levée à 17 h. 30*).

(1) Voir pages 71 et 124.

TROISIÈME SÉANCE

Mardi 31 mai 1927 (matin)

Propriété commerciale des émissions

La séance est ouverte à 9 heures 30 sous la présidence de M. de Rabours, Président.

M. le Président. — Je donne la parole à notre rapporteur général sur la question de la propriété commerciale des ondes :

M. Tirman (France). — J'ai reçu un télégramme de M. Tabouis, qui avait été chargé du rapport (1) et qui ne peut assister à notre congrès. Je demande donc à M. Homburg, dont le dévouement ne nous a jamais manqué depuis le début de nos travaux et qui, comme rapporteur général, me paraît particulièrement qualifié, de nous présenter son rapport sur la question.

M. Homburg, *rapporteur général*. — En 1925 le Comité International de Paris avait déjà procédé à l'examen de la question de la concurrence déloyale en matière de T. S. F.

Mais nous avions alors, volontairement, limité l'objet de notre étude, et dans le rapport que j'avais eu l'honneur de présenter au premier Congrès du Comité, je n'avais envisagé que la protection du droit de priorité d'exploitation des ondes en matière d'information (de presse, de publicité, etc...)

La question de concurrence déloyale dépasse singulièrement le cadre des informations proprement dites, et cette notion a englobé et englobe au fur et à mesure des progrès de la radioélectricité, des problèmes de plus en plus nombreux et de plus en plus vastes.

C'est ainsi qu'aujourd'hui, vous êtes appelés à examiner la question de la concurrence déloyale à deux points de vue tout à fait différents : celui du droit de l'émetteur d'ondes radiophoniques de s'opposer à ce que des tiers en tirent un profit commercial sans son autorisation et le

(1) Cf. Tabouis, *Revue juridique internationale de la radioélectricité*, 1927-1928, n° 13.

cas tout spécial d'enregistrements phonographiques faits illicitement à la réception d'émissions radiophoniques.

Le premier cas concret ayant donné lieu aux nouvelles propositions qui vous sont soumises est le suivant :

Depuis le début de l'année 1927, le Service municipal des téléphones de la Haye assure à ses abonnés un service régulier par fil de transmissions d'émissions radiophoniques, en l'annonçant d'ailleurs publiquement dans la presse.

Il transmet ainsi par fil, sans bourse délier, et en passant outre aux protestations des Compagnies radiophoniques intéressées des informations et des concerts pour lesquels il perçoit une taxe.

Le même fait s'est reproduit en Angleterre où un particulier au moyen de circuits téléphoniques privés distribue à des particuliers sans l'autorisation des postes d'émission des concerts de broadcasting, moyennant une taxe fixée à l'avance.

Il y a là évidemment des actes de pure concurrence déloyale. Le second cas relevé est celui-ci :

Une cantatrice s'est refusée, à l'Opéra de Vienne, de chanter devant le microphone installé dans le théâtre par la Compagnie Autrichienne de radiophonie en alléguant qu'un contrat qu'elle avait passé avec une Compagnie Américaine de gramophone lui interdisait de participer à des transmissions radiophoniques.

La société qui transmet un concert, peut-elle prétendre qu'elle fait en matière de radiophonie, ce que fait en matière de musique l'éditeur ? Cette société d'éditions peut-elle prétendre à ce droit d'édition ? Est-il possible que les sociétés d'émissions étendent la portée de la propriété commerciale des ondes sur un domaine qui est un domaine distinct, en ce qui concerne les droits d'audition des concerts ?

Vous aurez à vous prononcer sur les conséquences des faits qui vous sont ainsi rapportés, et à dire si nous devons étendre, en en modifiant les termes, les résolutions de principe votées par notre Congrès de Paris.

Vous êtes actuellement saisi d'une résolution constituant l'article premier de notre chapitre III et ainsi conçue :

« Aucune utilisation commerciale d'une émission radioélectrique, « quelque forme qu'elle revête, ne peut se faire qu'avec l'approbation « de l'émetteur ».

C'est une formule qui se rapproche beaucoup de la formule votée au congrès de Paris et qui disait :

« Article 1 : Aucune exploitation commerciale d'une émission radio« électrique ne peut avoir lieu sans entente avec l'émetteur ».

M. Timmory. — Je ne sais si cette question m'intéresse directement, comme représentant de la Société des auteurs et compositeurs dramatiques et de la Confédération des travailleurs intellectuels, c'est-à-dire de sociétés qui ne touchent pas au commerce, mais il me semble que la propriété commerciale ne peut pas être reconnue aux ondes.

Il est difficile, en effet, d'accorder une propriété commerciale à un monsieur qui n'a jamais fait que distribuer sa marchandise.

Je comprends que les postes d'émissions protestent de voir leurs ondes captées et surtout de voir certaines personnes utiliser ces ondes et en tirer bénéfice, mais il me semble très difficile de réclamer en droit contre ce fait.

Supposons qu'un monsieur se mette à distribuer des saucisses gratuitement, puis qu'un autre monsieur prenne ces saucisses, les fasse cuire et les vende. Que voulez-vous que dise le premier ? Il n'avait qu'à ne pas distribuer ses saucisses.

Nous recevons tous à domicile des prospectus, des publications, etc... Un certain nombre de personnes, tout au moins en France, après avoir fait un service gratuit pendant un certain temps, réclament le prix de l'abonnement. Généralement quand elles essaient de toucher le prix de cet abonnement, on ne paie pas et les tribunaux sanctionnent ce refus.

Si vous considérez que les ondes constituent une marchandise, vendez-les, mais ne les distribuez pas ; car si vous les distribuez, vous n'avez rien à réclamer.

Je n'entends pas spolier les postes de radiophonie, mais à mon avis l'industrie radiophonique tire ses recettes de la vente des appareils. Tous les malentendus créés par elle viennent de ce fait que les industriels qui la représentent, prétendent exercer deux industries bien distinctes : l'une, de vente des appareils, l'autre d'exploitation des procédés d'émission. A chaque instant, nous entendons des représentants de l'industrie radiophonique se plaindre : nos émissions nous coûtent très cher !

J'ajoute que ces mêmes industriels, pour favoriser le malentendu, ont eu soin de compartimenter leurs affaires et de former quatre ou cinq branches d'exploitation, lesquelles sont logées à différents étages du même immeuble. Il en résulte que lorsqu'un monsieur vous dit que ses émissions lui coûtent cher et qu'il n'a pas de bénéfice, il a parfaitement raison ; mais il oublie de dire que parce qu'il fait des émissions gratuites, le monsieur de l'entresol ou du deuxième étage, qui vend des appareils, et n'est qu'un associé de son entreprise, réalise de très gros bénéfices.

Dans ces conditions il me semble extrêmement difficile de soutenir que l'industrie radiophonique, qui a pour résultat réel de favoriser, directement ou indirectement, la vente des appareils et cela grâce à ses émissions, soit en droit de vouloir tirer un second bénéfice des dites émissions. Vous me direz que quelquefois les postes émetteurs ne sont pas en même temps des constructeurs d'appareils ; c'est exact, mais s'ils ne sont pas constructeurs ou marchands d'appareils, ils travaillent pour ces derniers et généralement, très légitimement d'ailleurs, sont subventionnés par eux.

La première chose que fait un monsieur qui établit un poste d'émissions, est de solliciter des subsides des vendeurs de la région, pour lesquels l'établissement du poste est certainement une bonne affaire. L'émission n'est qu'une publicité et un moyen de vendre des appareils, de même que l'affiche est un moyen pour vendre tel ou tel produit.

Il est certain que si, par exemple, le Bébé Cadum, qui jouit d'une célébrité mondiale, venait dire : j'ai mis un enfant superbe sur les murs de Paris, vous n'allez pas le regarder pour rien, il faut payer parce qu'il est très joli — c'est une opinion que l'on peut soutenir —, on dirait à M. Cadum : vous vous trompez, votre enfant coûte cher, c'est une affaire entendue ; c'est une belle peinture, les taxes d'affichage coûtent également fort cher, mais si vous faites ces frais, c'est pour vendre du savon, et l'on refuserait de payer.

Ceux qui font des émissions et qui tirent directement ou indirectement de ces émissions des bénéfices tacites, à la suite des ventes d'appareils, qui se chiffrent en Amérique par 17 milliards — chiffre donné il y a six mois en France — par 1/2 milliard, chiffre du mois dernier, et qui ont sans doute augmenté, lorsqu'ils exigent par surcroît qu'on paie pour l'utilisation des ondes qu'ils émettent, ceux-là exagèrent. Il me paraît difficile, je le répète, de reconnaître un droit de propriété sur ces ondes, c'est-à-dire sur une marchandise qu'on distribue sans qu'elle soit demandée.

M. Tirman. — Je me permets ici d'intervenir. La question posée par le rapport est infiniment vaste et je crois que si nous voulons la résoudre à fond, la serrer dans ses divers éléments, nous devrons nous reporter à la distinction que faisait si justement M. le secrétaire général, hier, au début de nos travaux lorsqu'il disait que l'on ne peut envisager à la fois la transmission radiotélégraphique, la transmission radiotéléphonique et la radiodiffusion.

Je vous rappelle l'origine du vœu qui a été émis par le congrès de Paris. Il est la suite et la conséquence des travaux qui se déroulèrent à Washington, je crois, en 1919.

Une conférence s'est à cette époque tenue à Washington et elle a exprimé le désir que les états se concertent afin d'éviter le pillage de l'éther et de prendre les mesures nécessaires pour que les nouvelles de presse et d'agences, transmises par la voie radiotélégraphique ne puissent pas être captées au profit d'autres agences. A cet égard, il me semble qu'il est un principe incontestable dont nous devons faire ici l'application : le respect de la propriété commerciale et industrielle.

On ne peut pas s'approprier le bien d'autrui. Quand une agence transmet, par une voie quelconque, une information, il n'est pas permis à un tiers de s'en emparer et de prendre à son compte l'exploitation de cette nouvelle.

Je crois que sur ce point, le congrès pourrait être unanime ; nous n'aborderions que plus tard, la question de la radiodiffusion qui est beaucoup plus délicate. En tout état de cause, je crois qu'il serait bon d'affirmer le respect des transmissions radiotélégraphiques.

M. Timmory. — Je suis tout à fait d'accord avec M. Tirman ; si j'ai parlé comme représentant d'un groupement extrêmement important, je dois ajouter que la question n'a pas été étudiée par ce groupement. C'est donc une opinion personnelle que je soumettais à mes collègues, ce n'est pas l'esprit d'une doctrine officielle de ce groupement.

M. Tirman (France). — Le rapport de M. Homburg concorde avec ce que je disais : la priorité du droit d'exploitation des informations de presse doit être reconnue.

M. Homburg, *rapporteur général*. — Autrement dit, une entreprise de diffusion radiotélégraphique qui a passé un contrat avec une agence d'informations, laquelle paie de grosses redevances annuelles pour s'assurer la priorité sur ces informations a, pour un temps X, quelques minutes ou quelques heures (nous avons dit 24 heures), le droit de s'opposer à toute transmission illicite par un autre poste. Il est très facile en effet pour ce dernier de retransmettre sur une longueur d'onde différente la même nouvelle à un public d'abonnés sans avoir eu à payer le prix de l'information.

Nous avions été amenés à cette décision à la suite du fait qu'en vertu d'une jurisprudence constante — et je crois que c'est la même dans tous les pays — une nouvelle qui est répandue dans le public tombe *ipso facto* dans le domaine public ; elle est *res communis* à partir de ce moment et tout le monde a le droit de s'en servir.

Avec le système de la publication par les journaux, il y a, dans le temps, une certaine protection accordée au premier journaliste puisque celui qui trouve cette nouvelle dans un journal, est obligé de dépenser trois ou quatre heures pour faire une seconde édition destinée à la reproduire.

Au contraire, avec la radioélectricité la concurrence se fait immédiatement. Une information est envoyée sur une longueur d'ondes de 1500 mètres ; elle est reçue par un concurrent déloyal ; ce concurrent peut, une seconde après, retransmettre cette nouvelle à son propre public d'abonnés.

La nouvelle ainsi retransmise aura autant de valeur pour les abonnés que la première émise une seconde avant et pour laquelle le premier poste récepteur aura fait des dépenses importantes. C'est le principe que nous avons posé au congrès de Paris.

M. Eichenwalt (U.R.S.S.). — Je m'excuse, je ne connais pas ce qui a été dit à Paris. C'est pour cela, peut-être, qu'il me semble que la question est encore mal étudiée. La radiodiffusion est née tout dernièrement. Elle n'a pas encore pris son développement entier et je vois la radiodiffusion se modifier tellement, que je ne crois pas qu'on puisse, en quelques mots ou en quelques formules, créer une loi générale prévoyant tous les cas.

La radiodiffusion par télégraphie et la diffusion par téléphonie sont deux espèces de diffusions qui s'adressent à des personnes différentes.

La radiodiffusion téléphonique parle au peuple, à la grande masse ; la radiotélégraphie ne parle qu'à quelques personnes qui sont intéressées, commercialement parlant.

Le cas est tout à fait différent lorsqu'il s'agit de la radiodiffusion téléphonique.

En radiodiffusion téléphonique, il y a une question, c'est celle des droits d'auteur dont nous parlerons plus tard, mais une autre question qui se rapporte directement à l'émission est peut-être celle du droit au programme.

Ce qui a été émis peut être une création d'art et il y a là des droits d'auteur, mais le possesseur est ordinairement soit une société qui exploite le poste, soit le poste lui-même. Actuellement la radiodiffusion est entre les mains des commerçants qui, par l'émission, comme cela a déjà été indiqué, directement ou indirectement, ont des intérêts dans cet établissement puisqu'il s'agit d'une association industrielle qui a pour objet de faire connaître la marchandise vendue.

Il arrive, en second lieu, que le poste est exploité par l'État et alors, une société qui est instituée par l'État n'a nullement un intérêt commercial et là encore il serait absolument inutile de parler d'une redevance spéciale pour le programme, puisque le consommateur, autrement dit celui qui reçoit l'émission, est déjà tenu de payer une certaine redevance et que cette redevance, en grande partie, revient au poste émetteur ou à la société propriétaire du poste, justement pour combler les dépenses faites pour les émissions.

Il y a un autre aspect de la question : l'émission peut être captée pour être retransmise d'une manière quelconque. Évidemment la manière la plus simple serait la retransmission par fil et celui qui voudrait retransmettre serait directement lié au poste émetteur : il ne pourrait retransmettre qu'à condition d'avoir un contrat avec ce poste émetteur. Dans ce cas la question est très simple et je ne crois pas qu'elle puisse comporter un débat juridique, puisque dans le contrat on a inscrit la somme moyennant laquelle ce poste a reçu le droit de retransmettre.

Lorsque la transmission se fait par radiotéléphonie, en principe il n'y a pas de différence, mais dans la pratique actuelle, je ne crois pas que l'on puisse assurer rapidement la retransmission par radio attendu que cette espèce de retransmission est encore tout à fait dans le domaine des expériences. Pratiquement on ne peut pas encore retransmettre. On fait bien des expériences mais on ne sait jamais si elles réussiront ; généralement d'ailleurs elles ne réussissent pas ou ne réussissent qu'en partie. Toutefois ces retransmissions présentent un gros intérêt du fait même qu'elles sont à l'état d'expériences. Peut-être dans quelque temps saurons-nous quelque chose de positif à ce sujet. Pour l'instant nous ne pouvons rien dire et c'est pour cela que je crois que l'idée de faire toucher la société qui fait des émissions ne peut pas être envisagée, tout au moins pour le moment.

M. Homburg, *Rapporteur Général.* — La question très simple qui se pose devant le Congrès est de savoir si une entreprise quelconque a le droit de retransmettre à des abonnés ou à un public payant des concerts, des auditions ou des informations émises par un poste d'émission radiophonique, sans avoir demandé l'autorisation préalable de ce dernier et de réaliser ainsi des bénéfices avec le bien d'autrui.

Peu importe d'ailleurs la façon dont le bénéfice illicite est réalisé. C'est uniquement la question de la concurrence déloyale qui se pose devant le Congrès. La question des droits d'auteur et des redevances est une question distincte que nous étudierons plus tard.

M. Drouets (France). — Vous savez en effet la différence qu'il y a entre les propositions soumises actuellement au congrès et celles qui avaient été envisagées jusqu'ici.

On n'avait envisagé que la question de l'utilisation illicite des émissions de nouvelles d'information. C'est sous cette forme qu'un vœu avait été présenté en 1925, aux termes duquel plusieurs états qui s'étaient faits les interprètes des intéressés avaient demandé que l'on inscrivît dans la convention de Paris, modifiée à La Haye, une disposition qui aurait prévu de façon formelle que l'utilisation d'une information de presse transmise par radioélectricité constituait la concurrence déloyale réprimée par l'article 10 bis de la convention. Ce vœu n'a pas été retenu sous la forme d'une disposition essentielle de la convention, néanmoins il n'a pas soulevé d'opposition et un grand nombre de représentants ont reconnu qu'il y avait là un cas où l'on pouvait invoquer le principe général de la répression de la concurrence déloyale dans les différents pays puisqu'il y avait un préjudice certain causé à autrui; et qu'en tout cas, il y avait un enrichissement au détriment d'autrui.

La question qui se pose ici est la question de l'utilisation commerciale, sous quelque forme qu'elle revête. Le rapporteur nous a montré que la définition devenait extrêmement difficile. Vous avez essayé de préciser un peu, néanmoins je ne vois pas bien, dès maintenant, comment on peut arriver à toucher cette utilisation commerciale, sous quelque forme qu'elle revête.

Lorsque le rapporteur disait : nous ne voulons pas que quelqu'un puisse bénéficier commercialement des émissions que nous lançons, par exemple en réunissant des clients, en faisant dans son magasin de la réclame avec nos émissions ; je trouve qu'il n'y a pas beaucoup de différence, en dehors bien entendu de la question du droit d'auteur, avec les autres cas prévus. Je dis en dehors de la question du droit d'auteur, car ici on pourrait discuter la question de savoir si le fait que vous réunissez dans un lieu un certain nombre de personnes pour entendre un concert ne donne pas lieu à la perception du droit d'auteur.

M. Timmory (France). — Cette perception s'exerce.

M. Drouets (France). — Mais en dehors de cela, je ne vois pas comment la société émettrice pourra dire : vous vous enrichissez à mes dépens. Quel enrichissement y a-t-il ?

La société lance ses ondes ; d'autres personnes les prennent, mais il n'y a pas à vrai dire utilisation commerciale proprement dite. Vous dites qu'un marchand d'appareils ira se faire de la réclame en disant à ses clients éventuels : avec mes appareils, vous pouvez entendre les émissions de telle station... Mais alors à quoi servirait de vendre des appareils si ce n'était pour entendre les émissions. S'il n'y avait pas d'émissions, on ne vendrait pas d'appareils.

Ce sont là des questions à résoudre directement entre les intéressés. Cela ne touche pas des questions d'ordre général mais des questions d'ordre commercial particulier; c'est un fait.

M. Timmory le disait tout à l'heure. Il est normal que les marchands d'appareils s'entendent avec les sociétés émettrices et au fond les sociétés émettrices sont les représentants des marchands d'appareils et la plupart du temps ces sociétés sont en même temps des marchands d'appareils. Ce sont là des relations purement commerciales et je ne crois pas qu'on puisse dire dans ce cas ce qu'on disait pour les informations de presse. On pouvait alors dire qu'il y avait pillage des informations de presse, parce qu'il y avait un contrat entre deux personnes et il se trouvait une troisième personne qui venait s'interposer et profiter de ce qui avait été vendu par contrat.

Je ne vois pas dans le cas que vous envisagez actuellement, en disant sous quelque forme que ce soit, comment on pourrait dire qu'il y a utilisation commerciale. Je ne vois pas davantage la possibilité d'intervenir.

Autant la chose était claire et simple quand vous me parliez des informations de presse, autant la question devient difficile et complexe quand vous prévoyez l'utilisation commerciale, sous quelque forme qu'elle revête. Je ne peux pas comprendre comment vous obtiendrez une solution en pareille matière.

M. Tirman. — Il me semble que la conséquence des observations de M. Drouets serait une division du vote.

Sur le premier point, je crois que l'assemblée sera unanime à adopter la décision proposée au Congrès de Paris en ce qui concerne l'utilisation illicite d'informations de presse. Il ne faut pas oublier les conditions dans lesquelles ce vote a été émis. C'était au lendemain des discussions de Washington provoquées par la concurrence déloyale et je crois qu'il y aurait tout avantage à affirmer ce principe, sur lequel l'unanimité peut se faire ; ensuite nous aborderions l'autre phase du problème.

M. Nusbaum (Suisse). — Messieurs, je m'excuse de prendre la parole dans une matière où je ne suis pas compétent — je suis technicien mais je ne suis pas juriste — mais cette discussion m'a laissé l'impression que la question du droit d'émission est étroitement liée au statut de la radiophonie dans chaque pays.

Je pourrais citer un exemple que nous avons eu ici en Suisse, en ce qui concerne la même question : la question du droit d'émission. L'utilisation des émissions radiophoniques, dans la législation suisse, est comprise d'une façon opposée à celle qui existe en France.

Nous avions au début des taxes élevées pour les postes publics, pour les postes de commerçants. Nous les avons abolies et nous traitons maintenant tous les postes sur le même pied et voici pourquoi : cela tient uniquement à ce que nous prévoyons un droit d'usage de la part des concessionnaires, des écouteurs des concerts. Nous avons donc tout intérêt, en Suisse, à ce que ce commerce se développe car cela augmente les recettes des sociétés de radiodiffusion. Aucune société, en Suisse, n'a jamais eu l'idée de demander une allocation spéciale pour les émissions qu'elle fait ; au contraire on a partout organisé des émissions spéciales, à des heures favorables à la vente, c'est-à-dire, par exemple, quatre heures.

Ceci s'est fait parce que les commerçants l'ont demandé, parce que les sociétés de radiodiffusion ont reconnu que plus leur commerce se développait, plus leurs recettes augmentaient par la vente des appareils, par l'installation des postes nouveaux et par les concessions demandées à l'administration.

Cette question du droit à percevoir se pose donc différemment suivant le statut de radiophonie existant dans chaque pays.

M. Tirman (France). — Ceci ne répond pas à la première question.

M. Hirschfeld (U. R. S. S.). — La discussion qui vient de se dérouler a montré la différence des points de vue. La délégation soviétique estime que la question est trop vague et que l'on ne pourrait dès maintenant prendre une décision précise à ce sujet ; c'est pourquoi nous proposons qu'on soumette cette question à une étude préalable pour ensuite, et le cas échéant, prendre une décision. Actuellement, cela nous parait tout à fait impossible.

M. Tirman (France). — Votre observation porte sur l'ensemble de la discussion, c'est-à-dire ne fait aucune distinction entre les deux cas ; donc vous admettez qu'une association d'informations qui a passé un contrat puisse être pillée par une autre association d'informations.

M. le Président. — Devons-nous considérer la motion de M. Hirschfeld comme une motion d'ordre sur laquelle nous allons délibérer, auquel cas nous ne discuterons que cette question !

M. Homburg, *rapporteur général.* — Je voudrais répondre d'un mot à M. Hirschfeld en lui disant que voici trois ans et demi que notre comité et tous nos comités nationaux étudient la question. Nous l'avons travaillée toute une journée à Paris où 23 pays étaient représentés. La question n'est donc pas neuve pour nous tout au moins en ce qui concerne le principe général posé par le congrès de Paris : « aucune exploitation d'une émission radio-électrique ne peut avoir lieu sans entente préalable avec l'émetteur ».

Si nous entrons dans le détail, évidemment, il *y* a des questions qui peuvent paraitre nouvelles, notamment celles qui sont soumises par le rapport de M. Tabouis et qui visent des faits précis.

Mais c'est justement pour les étudier que nous sommes ici.

M. LE PRÉSIDENT. — La question qui se pose actuellement est celle de l'opportunité d'une disjonction. M. Homburg estime que la question a été suffisamment étudiée, M. Hirschfeld propose lui, au contraire, de renvoyer la discussion.

M. HIRSCHFELD. — Il est bien évident que la question n'est pas neuve. Nous la connaissons, mais ce que nous prétendons, c'est que cette question n'est pas suffisamment étudiée. En ce qui concerne la retransmission radiotélégraphique, nous sommes d'accord, mais ne le sommes pas sur la radiodiffusion et la retransmission téléphonique. Or, nous estimons que ces deux questions sont liées.

M. LE PRÉSIDENT. — Par conséquent, le désaccord subsiste. Pour M. Hirschfeld, les questions sont liées, pour M. Homburg elles ne le sont pas. De toute façon, la motion d'ordre doit être liquidée, il faut qu'on statue sur cette motion.

Quelqu'un demande-t-il la parole à ce sujet ?...

Si personne ne demande la parole, je la mets aux voix. Il s'agit, je le répète, de renvoyer à plus tard la suite de la présente discussion.

(La motion d'ordre est repoussée).

M. LE PRÉSIDENT. — La parole est à M. Konic.

M. KONIC (Pologne). — La question posée actuellement, quoique connue, est très difficile. La solution dépend des législations nationales des différents pays. Par exemple, chez nous, notre régime est tel qu'on ne peut acheter un appareil et s'en servir pour l'utilisation des émissions radioélectriques sans payer une taxe. De sorte que si on achète un appareil on n'a rien : il faut payer une taxe pour être abonné. Par conséquent il ne peut pas y avoir de concurrence déloyale en ce qui concerne les stations intérieures.

La question se pose autrement s'il s'agit de stations étrangères. Je ne conçois pas comment on peut admettre ici une concurrence déloyale. Vous recevez une émission de l'étranger ; si vous la recevez c'est grâce à vos appareils et alors je ne comprends plus et demande une explication.

M. HOMBURG, *rapporteur général.* — La question est celle-ci : un poste A d'émissions radioélectriques diffuse une information : Lindbergh a traversé l'Atlantique ! Cette nouvelle peut, d'une minute à l'autre, être retransmise par un autre poste B qui a des contrats avec des abonnés payant pour recevoir des informations.

Nous disons que la première société A, qui a payé pour obtenir la première une information et qui la diffuse, a un droit de priorité d'exploitation sur cette information et qu'elle a le droit d'interdire sa retransmission à tous ceux qui viennent après et qui n'ont rien payé pour se procurer la nouvelle.

Celui qui, trouvant cette nouvelle dans l'éther, la retransmet sans l'autorisation du premier poste émetteur, commet le délit de concurrence déloyale.

M. LE PRÉSIDENT. — On vient de donner un exemple que je reprends. Si un journal, par l'indiscrétion d'un imprimeur publie une nouvelle qu'il a obtenue de façon telle qu'il ne peut l'expliquer, c'est un procédé de concurrence déloyale et le journal doit être l'objet de sanctions. Il semble bien qu'il doive en être de même ici. Je ne pense pas qu'il soit nécessaire de faire voter sur ce point ?

M. TIRMAN (France). — Il faudrait pourtant bien constater que nous sommes d'accord sur ce premier point.

M. HOMBURG, *rapporteur général.* — Remarquez que la même question se pose pour l'Etat comme pour la compagnie privée. L'Etat qui a un service d'informations a le droit de vendre ses informations à des particuliers et de tirer un enrichissement de ses informations en les retransmettant à des abonnés.

M. TIRMAN (France). — Seulement, il faudrait modifier la rédaction.

M. HOMBURG, *rapporteur général.* — Je demande qu'on revienne purement et simplement au principe général qui a été adopté à Paris :

« Aucune utilisation commerciale d'une émission radioélectrique ne peut avoir lieu sans entente avec l'émetteur ».

M. LE PRÉSIDENT. — La rédaction proposée diffère de celle que vous trouvez dans nos programmes en ce sens que le texte ajoute « sous quelque forme qu'elle revête ».

M. TIRMAN (France). — Je voudrais voir insérer le mot « exploitation » au lieu d' « utilisation ».

M. HOMBURG, *rapporteur général.* — Remarquez que nous avons mis « utilisation commerciale ».

M. DROUETS (France). — Cette expression répond d'ailleurs au cas que l'on citait du monsieur qui fait enregistrer un gramophone.

M. TIMMORY (France). — Je trouve que la formule est trop générale. Il faut sérier les questions. Il me semble que si nous prenons le cas de la retransmission d'une information, cas que vous envisagiez tout à l'heure, quel que soit le statut national du pays, la question peut être résolue simplement par des raisons de bon sens et de probité.

Un poste, une association paie pour avoir des nouvelles ; il est inadmissible qu'un autre poste ou une autre association puisse s'emparer de son émission et en tirer de l'argent. De ce côté votre formule s'applique parfaitement, mais voici un autre cas : un poste d'émission, une société de radiophonie a des contrats réguliers qui lui permettent d'utiliser le répertoire de la société des auteurs et de faire un concert. Il est évident qu'un deuxième poste ne pourra pas retransmettre ce concert, sans lui donner de l'argent, nous sommes d'accord. Mais, votre rédaction permet d'aller trop loin. Parmi les gens qui reçoivent les ondes, s'il y a un monsieur qui paie pour entendre ce concert et qui veuille à son tour retransmettre, que se passera-t-il ? A l'heure actuelle cet homme est considéré par les auteurs comme un monsieur qui donne un concert public et si vous admettez cette rédaction, il sera en but à un autre genre de réclamation : celle du poste émetteur qui lui dira : il faut me payer des droits d'auteurs, à moi aussi !

M. Homburg, *rapporteur général*. — Nous sommes d'accord. Du reste ceci se retrouvera dans le paragraphe II, article 2 qui dit :

« Les droits sont dûs par tous propriétaires ou exploitants de postes de réception dans un lieu public. Ils sont dus également par tous postes émetteurs ou de relai pour toute radiodiffusion d'œuvres intellectuelles, littéraires ou artistiques ; ils sont dans ce cas proportionnels à la puissance du poste et à la densité de la population se trouvant dans le rayon moyen d'action de ce poste ».

Mais c'est là une question tout à fait différente : c'est celle de la propriété artistique.

M. Timmory (France). — Avec cette rédaction cette question se grefferait sur celle de la propriété commerciale.

M. Homburg, *rapporteur général*. — Comment ?

M. Timmory (France). — Je ne parle pas du monsieur qui aura un gramophone, ici la question ne se pose pas ; je parle du monsieur qui a un café ou un hôtel, qui reçoit les concerts. Au point de vue des droits d'auteurs, il paie les droits, par conséquent il est en règle. Mais si vous admettez qu'en sûs de cette propriété littéraire et artistique qui est respectée, il est une propriété des postes émetteurs, il n'est plus en règle vis-à-vis de ceux-ci. Le poste émetteur dira : c'est en vertu de mes ondes que vous faites de l'argent et que vous attirez des clients, donc vous me devez quelque chose.

Il faudrait sérier les questions.

M. Konic (Pologne). — Je crois qu'il y a un malentendu. Il y a une différence entre la législation française et la législation des autres pays, par exemple celle de la Suisse et de la Pologne.

Chez vous, autant que je sache, on peut avoir un appareil sans payer aucune taxe. Chez nous on paie une taxe, en Suisse aussi ; de sorte qu'il ne peut pas y avoir chez nous une concurrence déloyale. C'est impossible, vous ne pouvez pas utiliser une émission radiotéléphonique ou radioélectrique, si vous voulez, sans payer une taxe. La différence est grande. On peut dire que le système appliqué en France et en Pologne est tout à fait différent.

M. TIMMORY (France). — Pardon, pour la Suisse, en ce qui concerne les représentations, votre observation est parfaitement juste ; malheureusement on oublie de tenir compte des répertoires représentés. Ici je suis obligé de faire une réserve au nom de ceux que je représente.

M. DROUETS (France). — Ce que vient de dire M. le délégué de la Pologne prouve combien il est difficile de résoudre la question... Il a raison quand il dit : voilà quelqu'un qui a un poste de réception ; pour ce poste de réception, il a, suivant la législation de son pays, fait une déclaration et il paie un droit ; par conséquent il est en règle et il reçoit les ondes qui lui arrivent. Mais la question que vous posez ici et qui est posée dans le rapport est plus grave et plus nette parce qu'elle a l'air de vouloir établir presque obligatoirement des relations formelles entre l'émetteur et le récepteur.

Si vous prenez la chose d'une façon générale vous aboutissez à des impossibilités. Si vous limitez votre conception aux personnes qui, d'une émission reçue peuvent tirer un profit quelconque, là encore vous aboutissez à des difficultés considérables.

En somme, c'est toute la question qui se pose ici : doit-il y avoir une relation nécessaire entre l'émetteur et le récepteur. Il ne peut pas, à mon avis, y avoir de relation nécessaire et forcée parce qu'alors tous les particuliers seront obligatoirement en relation avec tous les postes d'émission quels qu'ils soient, même à l'étranger.

Va-t-on limiter l'application à ceux qui, soit occasionnellement, soit de façon habituelle peuvent tirer un certain profit d'une émission ? Car vous ne dites pas qu'il s'agit d'une chose habituelle.

Est-ce possible dans les relations internationales avec les postes étrangers ? Je ne le crois pas.

La véritable solution, c'est de dire qu'il n'y a pas exploitation, mais utilisation. Cette utilisation n'est pas une exploitation lorsqu'il s'agit d'un particulier.

Voilà pourquoi je trouve que la question, comme vous la posez est trop générale pour recevoir une solution. Il lui faudrait également une solution particulière évidemment très difficile à trouver.

M. TIRMAN (France). — Il me semble que le sens du mot exploitation était meilleur.

M. DROUETS (France). — Le mot exploitation implique évidemment quelque chose de voulu.

M. HOMBURG, *rapporteur général*. — C'est pourquoi j'ai demandé le retour à l'ancien texte, c'est-à-dire que le mot exploitation suppose utilisation qui rapporte. Le marchand de vins, le commerçant qui se sert de concerts diffusés se verra l'objet d'une demande de la part de la compagnie émettrice.

M. OLIVET (Suisse). — Pour rester dans la forme présentée par M. Homburg, on pourrait modifier simplement l'article premier et mettre :

« Aucune utilisation commerciale d'une communication radioélectrique, ne peut être retransmise radioélectriquement ».

M. HOMBURG, *rapporteur général*. — Non, parce que nous avons visé d'autres cas ; nous avons visé par exemple le cas de l'enregistrement par des sociétés de gramophones qui n'auraient rien à payer.

M. TIMMORY (France). — Dans ce cas ils devront une indemnité, non pas au poste émetteur, mais aux auteurs dont ils auront utilisé les œuvres.

M. TIRMAN (France). — Peut-être bien aux deux.

M. TIMMORY (France). — Que vous disiez qu'un poste émetteur ne peut utiliser le programme d'un autre poste émetteur, sans son autorisation, nous sommes d'accord.

M. LE PRÉSIDENT. — De quelque partie que ce soit du programme, c'est le sens de l'intervention de M. Olivet.

M. HOMBURG, *rapporteur général*. — Alors nous réduisons la portée de nos articles puisque nous visons un cas particulier.

M. DROUETS (France). — Il y a certains cas particuliers qu'on peut envisager.

M. LE PRÉSIDENT. — Nous sommes bien d'accord je crois pour dire que c'est la retransmission qui est visée. La formule de M. Olivet me paraît apporter à ce sujet quelque clarté. Nous pourrons ensuite discuter sur les autres points.

M. HOMBURG, *rapporteur général*. — On pourrait dire alors : aucune retransmission ou aucun relai ne pourront avoir lieu sans l'autorisation du premier émetteur.

M. OLIVET (Suisse). — Ce n'est pas un relai.

M. TIRMAN (France). — Dites :

« Aucune retransmission d'une audition radioélectrique ne pourra avoir lieu... »

M. TIMMORY (France). — Je propose :

« Aucune utilisation d'une émission d'un poste ne peut être faite par un autre poste, sans qu'ils se soient mis d'accord ».

M. Homburg, *rapporteur général.* — C'est la même chose : aucune retransmission sous quelque forme que ce soit.

M. Olivet (Suisse). — Vous ne pouvez pas faire un relai si vous ne vous êtes pas mis d'accord pour être relayé.

M. Eichenwalt (U. R. S. S.). — Techniquement, c'est impossible actuellement. La chose est peut-être possible entre Paris et Genève mais elle devient impossible pour des distances beaucoup plus grandes.

M. Tirman (France). — Vous avez un poste d'émission à Moscou et un autre à Paris ; le poste de Paris reçoit une émission de Moscou, il prend cette information à son compte et la retransmet. Je dis que le poste de Paris commet un acte irrégulier. Or il n'y a pas de moyen technique qui s'oppose à cela. Dès l'instant que vous avez un appareil de réception qui vous met en possession de la transmission, vous pouvez procéder à la retransmission.

M. Eichenwalt (U. R. S. S.). — Est-ce que nous parlons en ce moment de la diffusion des informations?

M. Tirman (France). — De tout. Nous parlons aussi d'un programme particulièrement intéressant, qui est repris sur une onde quelconque et retransmis ; c'est parfaitement possible.

M. Eichenwalt (U. R. S. S.). — C'est tout simplement impossible. Nous ne sommes jamais parvenus à ce résultat. J'ai fait des essais systématiques pendant à peu près deux ans et demi à ce point de vue.

M. Tirman (France). — Prenons l'information, c'est possible.

M. Eichenwalt (U. R. S. S.). — Oui, l'information, c'est possible, j'y suis parvenu. C'est pourquoi j'insiste pour dire qu'il faut bien diviser les questions. L'information d'un côté et la radiodiffusion des programmes, de l'autre. Ce sont deux choses bien différentes. L'information certainement pourrait être retransmise mais la diffusion d'un programme, non.

Les programmes sont des choses très compliquées et vous ne parviendrez jamais à retransmettre un programme complet durant une heure, à cause des perturbations atmosphériques et de beaucoup d'autres causes qui se font sentir.

M. Homburg, *rapporteur général.* — Oui, mais ce qui est techniquement impossible aujourd'hui, sera peut-être possible demain.

M. Eichenwalt (U. R. S. S.). — C'est possible mais lorsque je fais une loi aujourd'hui, je ne dois pas me baser sur la technique de demain.

M. Homburg, *rapporteur général.* — On peut toujours remédier à ces difficultés par des accords particuliers ; ce que l'on veut éviter, c'est la fraude.

M. Eichenwalt (U. R. S. S.). — Vous devez partir avec un programme de toutes les nations.

Lorsque nous faisons des essais, je ne suis jamais sûr de réussir. Pendant une soirée j'ai reçu, trois, quatre, cinq stations, mais je ne suis jamais parvenu à retransmettre ce que je voulais. Alors comment pourrais-je conclure un contrat avec une tierce personne.

Lorsque j'ai besoin de faire des essais, je les fais et il m'importe peu alors, que les ondes que je reçois proviennent d'une station ou de l'autre, mais ici nous envisageons toute autre chose : nous envisageons l'utilisation commerciale d'une retransmission. Nous sommes donc dans l'obligation de conclure des contrats ; or, au point de vue technique, j'estime qu'il est impossible de parler de contrat en pareille circonstance, car on ne serait pas sûr de l'exécuter. Je répète donc qu'il y a là une question qui doit être étudiée de très près. On ne peut pas parler de l'utilisation de la radiodiffusion alors que techniquement elle n'est pas possible.

M. le Président. — Si je comprends bien, M. Eichenwalt serait d'avis que nous disions :

« Aucune retransmission radioélectrique d'information, sous quelque forme que ce soit, ne peut avoir lieu sans l'autorisation du poste émetteur ».

Ceci, parce qu'il considère que toute autre retransmission est impossible.

M. Eichenwalt (U. R. S. S.). — C'est exactement cela.

M. le Président. — Il suffirait donc d'ajouter au texte le mot « Information ». Je crois d'ailleurs que cette opinion est aussi celle de notre rapporteur.

M. Homburg, *rapporteur général*. — Je n'ai formulé ma proposition qu'au point de vue du principe général.

M. Tirman (France). — Ne pourrions-nous pas prendre la position suivante :

« Le Congrès de 1927, reprenant les principes formulés au congrès de Paris en tire les conséquences suivantes »...

Et alors nous ferions deux articles ; en premier lieu nous serons tous d'accord pour adopter la formule de M. le délégué de l'U. R. S. S. ; il n'y a pas de discussion sur ce point.

M. le Président. — Alors, nous adopterions le texte suivant :

« Aucune retransmission radioélectrique d'information, sous quelque forme que ce soit, ne peut avoir lieu sans entente avec l'émetteur ».

M. Eichenwalt (U. R. S. S.). — Je dirais : retransmission systématique.

M. Tirman (France). — Non, puisqu'il s'agit d'une information.

M. Hirschfeld (U. R. S. S.). — Elle peut être retransmise à titre d'expérience.

M. Homburg, *rapporteur général*. — S'il s'agit d'une expérience, il n'y a pas utilisation commerciale.

M. Hirschfeld (U. R. S. S.). — C'est exact.

M. Homburg, *rapporteur général*. — Dans ces conditions, nous proposerions :

« Aucune retransmission radioélectrique d'information, dans un but commercial et sous quelque forme que ce soit, ne peut avoir lieu sans une entente avec l'émetteur ».

M. Youpis (Grèce). — Je crois que l'on exclut ici une autre application : la reproduction par phonographe.

M. le Président. — Nous verrons cela tout à l'heure. Pour le moment nous établissons le principe.

M. Tirman (France). — Nous restons d'accord avec le principe de Paris ; nous en tirons en ce moment des conséquences et nous allons tâcher de nous mettre d'accord sur le plus grand nombre de ces conséquences.

M. le Président. — Nous avons maintenant à considérer d'autres transmissions, comme celle d'un programme de concert. Quelle est la formule que nous allons trouver ensemble pour commenter en quelque sorte, la décision de Paris? Il y a deux opinions, celle de M. Eichenwalt, qui dit que la retransmission est techniquement impossible actuellement. Nous n'avons pas à rechercher si elle sera possible dans l'avenir.

D'autre part, il me semble qu'il ne faut pas légiférer pour l'avenir.

M. Tirman (France). — M. Eichenwalt ne conteste pas que ce soit parfois possible. D'autre part, tout le monde sait que le progrès n'a pas de limite ; par conséquent, nous n'anticipons pas beaucoup sur l'avenir en envisageant la possibilité de ces retransmissions.

J'ajouterai volontiers, pour tenir compte de cette opinion, les mots : « systématique, dans un but commercial ».

Je crois que dans ce cas, nous répondrions à toutes les préoccupations qui se sont fait jour et nous pourrions ajouter aussi :

« Le phonographe et la retransmission par téléphone ».

M. Youpis (Grèce). — On pourrait généraliser, en effet, parce que si nous acceptons « dans un but commercial » je crois que nous donnons satisfaction aux préoccupations de M. le délégué soviétique, car lorsque vous faites des expériences de retransmission de concerts, ce n'est pas dans un but commercial et vous ne tombez pas alors sous le coup de l'interprétation formulée.

M. Eichenwalt (U.R.S.S.). — Non, puisque pratiquement nous ne faisons que des essais, mais quand nous faisons des essais de retransmission, nos collaborateurs sont des gens qui possèdent des appareils et alors, comment voulez-vous établir la distinction ?

M. Youpis (Grèce). — Vous ne tirez aucun profit de ces essais.

M. Eichenwalt (U.R.S.S.). — Chez nous, d'après la loi, nous ne pouvons jamais tirer profit d'une retransmission radiotéléphonique.

M. Tirman (France). — Avez-vous des postes où l'on perçoive des taxes ?

M. Eichenwalt (U.R.S.S.). — Si je transmets à un monsieur qui a un haut parleur l'œuvre d'un chanteur connu, évidemment je peux le faire payer, mais si je transmets à cet homme un programme, en lui annonçant certaines stations que je ne suis pas sûr de lui fournir, est-ce que je peux lui demander de payer quelque chose pour ce qu'il ne connaît pas et qu'il n'est pas sûr de recevoir.

Il y a là une cause d'incertitude et pourtant il s'agit bien d'une exploitation commerciale.

M. Homburg, *rapporteur général.* — C'est justement parce qu'il y a cette incertitude que dans la pratique, il faut avoir recours au forfait. C'est d'ailleurs ce qui a toujours été adopté. Le forfait dit que vous avez droit à toutes les émissions. A vous de choisir ce qui vous plaît. Je crois qu'à ce point de vue-là, il n'y a pas de difficulté.

M. Eichenwalt (U.R.S.S.). — Ce monsieur pourtant ne peut pas payer pour une chose qu'il n'est pas sûr de recevoir. Il y a là un élément qu'on ne peut pas viser.

M. Homburg, *rapporteur général.* — Votre client ne paiera quelque chose qu'autant qu'il tirera profit des ondes qu'il reçoit, c'est-à-dire quand il fera entendre un concert grâce aux ondes reçues par lui.

M. Tirman (France). — Si vous voulez, on pourrait mettre « lieux publics et salles de concerts où l'on paie un droit d'entrée ».

M. Homburg, *rapporteur général.* — Oui, mais alors nous tombons dans la question des droits d'auteur.

M. Eichenwalt (U.R.S.S.). — Je crois que M. Tirman a raison.

M. Tirman (France). — Nous sommes tout à fait d'accord sur ce point ; il est incorrect de se saisir de la transmission d'un poste personnel sans payer.

M. Youpis (Grèce). — Je propose un texte un peu plus général mais, qui je crois, répond à toutes nos préoccupations :

« Aucune retransmission radioélectrique ou reproduction dans un but commercial d'une émission radioélectrique sous quelque forme qu'elle revête, ne peut se faire sans entente avec l'émetteur ».

Ce que nous voulons, c'est interdire une retransmission, que ce soit une information ou un concert, si cette retransmission est faite dans un but commercial ou si on la reproduit d'une autre façon, comme par exemple, par le phonographe.

Je crois que cette formule répondrait à toutes les préoccupations qui se sont fait jour ici : « retransmission ou reproduction dans un but commercial d'une émission radioélectrique ».

M. HOMBURG, *rapporteur général.* — Vous assimilez alors la question à ce qui se passe en matière d'éditions puisque vous ajoutez le mot reproduction.

M. YOUPIS (Grèce). — Je reçois, moi, des émissions ; je fais une opération commerciale en la faisant entendre à mes clients. Dans ce cas, je ne dois pas de droits mais je ne peux pas faire une retransmission de l'émission que j'ai reçue, sous quelque forme que ce soit.

M. HARTWICH (Autriche). — Messieurs, après avoir entendu M. le délégué de la Grèce suggérer une formule plus concise, je prends la liberté de lire un paragraphe de la loi télégraphique autrichienne, paragraphe 26 qui a paru dans le *Journal Télégraphique* n° 5 de 1925.

Ce paragraphe dit :

« Celui qui intercepte sans y avoir été autorisé au moyen d'un poste radioélectrique du réseau concédé par l'Union, une communication émise par un bureau télégraphique public ou destinée à celui-ci et met à profit la correspondance interceptée, est en contravention et sera puni... »

Je crois que les mots : « et met à profit la correspondance interceptée », constituent la base essentielle de ce paragraphe et je me permets d'attirer votre attention sur cette expression.

M. LE PRÉSIDENT. — Le mot « intercepter » est peut-être un peu moins large que ceux qui se trouvent dans notre texte.

M. HARTWICHT (Autriche). — Je crois que les mots importants sont : « mettre à profit ».

M. HOMBURG, *rapporteur général.* — C'est le but commercial ; c'est par conséquent la même idée.

M. DROUETS (France). — La concurrence déloyale existe même quand il n'y a pas profit, la jurisprudence est formelle.

M. LE PRÉSIDENT. — Il y a dans la loi autrichienne les mots caractéristiques de « celui qui intercepte ».

M. TIRMAN (France). — Il faudrait substituer au mot intercepter, le mot capter.

M. LE PRÉSIDENT. — Oui, mais M. Drouets fait remarquer que les mots « tirer profit » auraient un inconvénient. La proposition de

M. Youpis semblerait plus judicieuse : « aucune retransmission radioélectrique utilisée dans un but commercial, ne peut avoir lieu etc... »

M. Pittard (Suisse). — Il faudrait relire le texte parce que vous dites : « aucune utilisation commerciale ne peut se faire qu'avec... » ; cela ne va pas.

M. Homburg, *rapporteur général.* — Oui, il faudrait mettre : « sans entente préalable avec l'émetteur ».

M. le Président. — Cette formule est, en effet, plus compréhensive et plus large. Est-ce que M. Eichenwalt voit un inconvénient à l'accepter ?

M. Eichenwalt (U. R. S. S.). — Je considère que la question reste ouverte pour nous.

M. le Président. — Sans doute, nous ne pourrons pas réaliser l'unanimité sur ce point mais je crois que tout le monde sera d'accord pour mettre aux voix la formule présentée par M. Youpis :

« Le congrès émet le vœu qu'aucune retransmission électrique ou radioélectrique, aucune reproduction, dans un but commercial, d'une émission radioélectrique, quelque forme qu'elle revête, ne puisse se faire sans une entente préalable avec l'émetteur ».

Je mets cette rédaction aux voix.

(*Adoptée moins une voix, celle de M. Eichenwalt*).

M. Tirman (France). — Il faudrait donc dire, en tête du texte :

« Le congrès, se référant au congrès précédent tenu à Paris, en tire les conséquences suivantes : ... » et ensuite faire intervenir la rédaction.

M. le Président. — C'est assez difficile, parce qu'en réalité il s'agit bien d'un article qui remplace un autre article. Il me paraît donc difficile de noter la formule que nous venons d'adopter comme étant une interprétation. Il s'agit bien d'un texte qui remplace un autre texte, qui n'interprète pas, mais remplace.

M. Homburg, *rapporteur général.* — Notez que nos vœux sont toujours révisables. Il est même possible qu'au prochain congrès, l'opinion de M. Eichenwalt réunisse la majorité.

M. le Président. — En conséquence, la rédaction que nous venons de voter remplacera l'article premier du paragraphe III, sur la propriété commerciale et industrielle.

M. Tirman (France). — Il reste alors une question qui n'a pas été tranchée, qui est très intéressante, qui mérite d'être étudiée très attentivement et qui touche aux relations des auteurs avec les propriétaires de postes émetteurs.

Nous parlons de l'utilisation commerciale d'une émission radioélectrique : il y a utilisation commerciale directe et indirecte.

L'utilisation directe c'est la salle de concerts ouverte au public ; l'utilisation indirecte c'est le profit que peut en tirer un cafetier, un hôtelier etc...

M. LE PRÉSIDENT. — En effet, cet après-midi, il conviendra de rechercher la formule répondant à ces points particuliers de la radiodiffusion.

Etes-vous disposés à continuer la discussion ce matin ou à la reporter à cet après-midi ?

M. TIRMAN (France). — M. Timmory paraît opposer les intérêts des auteurs à ceux des fabricants et des émetteurs. Je crois, au contraire qu'il faudrait les unifier et les associer.

M. HOMBURG, *rapporteur général*. — Justement, nous sommes là pour faire l'entente entre eux.

M. LE PRÉSIDENT. — Dans ces conditions je propose que la suite de la discussion soit renvoyée à cet après-midi (1).

La séance est levée à 11 heures 30.

---

(1) V. page 25.

QUATRIÈME SÉANCE

Mardi 31 mai 1927 (après midi)

La séance est ouverte à 15 heures, sous la présidence de M. de Rabours, Président.

M. LE PRÉSIDENT. — Messieurs, quelques-uns d'entre vous ont exprimé le désir que notre Rapporteur Général donnât le résultat des travaux de la Commission de rédaction, de façon que nous n'allions pas plus avant, avant de savoir comment sont exprimées les décisions sur lesquelles nous nous sommes prononcés.

Je donne donc la parole à M. Homburg, Rapporteur Général.

M. HOMBURG, *rapporteur général.* — La Commission de rédaction ne pense pas qu'il y ait lieu, en ce qui concerne la refonte ou les méthodes de refonte du projet de convention de Washington de déposer un vœu ayant une forme précise. Il semble que l'opinion du Congrès résulte de façon suffisamment claire de ce compte-rendu du Congrès lui-même.

Est-ce que le Congrès est de cet avis?

En ce qui concerne la méthode à apporter par les Etats dans l'élaboration de la nouvelle convention internationale, croyez-vous qu'il faille se contenter comme je viens de le dire, d'une indication de principe ou croyez-vous qu'il faille faire une rédaction précise, en indiquant chapitre par chapitre, l'ordre à suivre par les Etats ?

M. LE PRÉSIDENT. — Il me semble que l'on peut laisser aux Etats la liberté d'appréciation.

M. PITTARD (Suisse). — Je demanderai que l'on fasse la liste des résolutions qui ont été mises aux voix et adoptées. Il y en a qui ont été adoptées.

M. HOMBURG, *rapporteur général.* — Oui, mais pas sous une forme précise.

M. TIRMAN. — Elles ne revêtent pas la forme de vœux, mais le sens en est très net.

M. TIRMAN (France). — Hier, nous avons délibéré ; des vues ont été échangées. Nous nous sommes aperçus qu'il était assez difficile de vouloir mettre sur pied une convention sur le rôle des Etats ; mais nous avons estimé qu'il était indispensable que de nos délibérations, sortissent des résolutions d'où se dégage un vœu très net. Nous avons donc, hier comme ce matin, exprimé notre sentiment et, présisément pour ne pas alourdir la discussion par des questions de rédaction, nous avons confié à un comité de rédaction le soin de mettre sur pied les vœux qui se dégageaient de notre délibération.

M. le Président. — C'est exactement le sens que j'ai donné à nos décisions et je pensais que le Comité de rédaction avait préparé ces vœux.

M. Konic (Pologne). — En ce qui concerne la proposition de M. Homburg, telle qu'elle est inscrite au tableau, nous l'avons admise ; elle n'a pas été confiée au Comité de rédaction.

M. Homburg, *rapporteur général*. — Est-ce que le vœu suivant vous donnerait satisfaction ?

« Le Congrès émet le vœu :

« Que les Gouvernements envisagent une refonte des projets de ré-« vision de la convention de Washington, en y prévoyant l'étude des « diverses applications de la radio-électricité (radiotélégraphie, radio-« téléphonie, radiotélévision), tant au point de vue des radiocommuni-« cations qu'au point de vue des radiodiffusions ». (*Approbation générale*).

M. le Président. — Je mets aux voix le vœu dont lecture vient de vous être donnée. *(Adopté)*.

M. Tirman (France). — En ce qui concerne les points particuliers suivants, liberté de l'éther, transmission des communications, secret des communications, etc., il semblerait logique de les envisager dans des chapitres distincts. Faisons-le avec prudence.

M. Pittard (Suisse). — C'est ce qui a été voté.

M. le Président. — Il s'agit de la présentation matérielle des textes.

M. Homburg, *rapporteur général*. — Nous pourrions au moins ajouter le texte suivant :

« Que dans la présentation des textes à adopter, les questions soient « groupées par chapitres, de manière qu'elles soient présentées sous « des titres distincts :

Principes généraux.

Transmission des communications.

Secret des communications.

Mode d'exécution de la convention ».

La constitution d'union entrerait dans les principes généraux. (*Approbation générale*).

M. LE PRÉSIDENT. — Je mets aux voix cette proposition (*Adopté*).

M. HOMBURG, *rapporteur général*. — En ce qui concerne le point suivant: liberté de l'éther, voici la rédaction adoptée :

« Le Congrès émet le vœu :

« Que l'utilisation des ondes radioélectriques quelle qu'en soit la « forme, soit libre, sans préjudice du droit de réglementation qui « appartient à chaque Etat ».

M. LE PRÉSIDENT. — Nous avons déjà adopté le principe. Je mets aux voix cette rédaction définitive. (*Adopté*).

M. HOMBURG, *rapporteur général*. — En ce qui concerne la transmission des communications et la responsabilité des Etats, le Comité de Rédaction vous soumet le texte suivant :

« Le Congrès émet le vœu :

« Que les Etats soient soumis à une responsabilité limitée et précisée « relativement au service international des communications avec ou « sans fil ».

M. le PRÉSIDENT. — Quelqu'un a-t-il des observations à présenter sur cette rédaction ?...

Personne ne demandant la parole, je la mets aux voix. (*Le vœu est adopté*).

M. HOMBURG, *rapporteur général*. — Vient ensuite la question du secret des communications. Voici le texte que nous vous proposons :

« Le Congrès émet le vœu :

« Que les définitions de langage clair et de langage secret (chiffré « ou codé) contenues dans le Règlement annexe de la Convention télé« graphique de Saint-Pétersbourg de 1875 soient applicables aux émis« sions radioélectriques ».

M. LE PRÉSIDENT. — Y a-t-il des observations sur ce texte ?

Personne ne demandant la parole, je le mets aux voix. (*Le vœu est adopté*).

M. HOMBURG, *rapporteur général*. — En ce qui concerne le reste des articles sur le secret des communications, tels que ces articles sont imprimés dans notre programme : articles 4 et 8 du projet de convention, ils ont été adoptés par le Congrès sans modification ; par conséquent, le Comité n'avait pas à s'en occuper et n'a rien à vous proposer.

Relativement à la diffusion des nouvelles, la rédaction suivante a été proposée :

« Les utilisations radioélectriques sont libres, sans préjudice du

« droit de réglementation interne qui appartient à chaque Etat. L'usage « de cette liberté ne doit pas avoir pour effet de troubler l'ordre public « tant interne qu'international ».

M. TIRMAN. — C'est par les fausses nouvelles que l'on peut jeter le trouble dans l'ordre public ; l'expérience l'a révélé.

M. LE PRÉSIDENT. — Je ne sais pas si on peut faire entrer cela dans une convention internationale.

M. TIRMAN. — Il y a eu de fausses nouvelles qui ont troublé la bourse publique, cela n'est pas discutable.

M. LE PRÉSIDENT. — On pourrait dire : que les Etats envisagent les moyens de prévenir l'émission des nouvelles de nature à troubler l'ordre public ?

M. TIRMAN. — Oui, toutes les nouvelles de nature à troubler l'ordre public.

M. PITTARD. — Je crois qu'il y a confusion en ce moment. Il y a des nouvelles qui sont vraies et qui peuvent jeter le trouble dans l'ordre public ; puis, il y a les fausses nouvelles. Nous avons voulu préciser ici les fausses nouvelles.

TIRMAN. — Que faites-vous alors des nouvelles vraies qui peuvent jeter le trouble ?

M. PITTARD (Suisse). — Elles font partie du droit de réglementation de l'Etat ; moins vous déterminerez ce droit et plus la réglementation sera facile. C'est pourquoi le Comité de rédaction a mis à l'article relatif à la liberté de l'éther : « sans préjudice du droit de réglementation qui appartient à chaque État ».

M. TIRMAN. — Je demande que le commentaire mis dans le rapport l'explique ; puisque nous biffons ici les dispositions proposées par le Conseil, il faut que cette disparition n'apparaisse pas comme un reniement. Nous notons que le droit de réglementation couvre les dispositions qui disparaissent.

M. PITTARD. — On peut l'ajouter comme commentaire. Le texte que nous avons sous les yeux n'est pas destiné à la publicité, mais aux congressistes.

M. HOMBURG, *rapporteur général*. — Alors le texte définitif serait celui-ci :

« Le Congrès émet le vœu :

« Que les Etats envisagent les moyens de prévenir et de réprimer l'émission des fausses nouvelles ».

M. LE PRÉSIDENT. — Il n'y a plus d'observations à présenter ?...

Je mets aux voix le texte qui vient d'être lu.

(*Le texte est adopté*).

M. Homburg. — Pour la sécurité de la vie humaine, le comité de rédaction propose le texte suivant ?

« Le Congrès émet le vœu :

« Que de mêmes signaux de détresse, ayant les mêmes caractéris- « tiques techniques soient uniformément adoptés par les Etats, sur « terre, sur mer et dans l'air ».

« Que les Etats prennent l'engagement de réprimer les abus qui « pourraient se produire dans l'utilisation des signaux de détresse ».

M. le Président. — Quelqu'un demande-t-il la parole sur ce vœu ?

Personne ne demandant la parole, je le mets aux voix. (*Le texte est adopté*).

M. Homburg, *rapporteur général.* — Reste la question du droit de vote des Etats que nous avons réservée et que nous devons reprendre cet après-midi.

M. le Président. — Nous pourrions peut-être terminer le Congrès par l'étude de cette question, qui ne comporte peut-être pas de longs développements, alors que nous saluons actuellement la présence des représentants des Auteurs et que nous avons à discuter la question de la propriété artistique.

M. Tirman (France). — Nous pourrions peut-être terminer la question de la propriété commerciale. Ce matin, nous avons voté l'article 1er présenté par M. Youpis et qui disait, en substance : Qu'aucune retransmission électrique ou radioélectrique, sous quelque forme qu'elle revête, ne puisse se faire sans une entente préalable avec l'émetteur.

Cette rédaction remplacerait l'article 1er de notre cahier. Ceci a été voté.

M. Homburg, *rapporteur général.* — Nous avons réservé la question de l'utilisation posée par M. Tirman. Cet article ne remplace que partiellement l'article 1er.

M. le Président. — C'est exact. La deuxième partie de cet article n'est pas votée. M. Tirman, ce matin, avait fait une remarque relativement à l'utilisation commerciale, qu'il conviendrait de renfermer dans une formule de proposition.

M. Tirman (France). — Nous demandons, en tout cas, qu'on la détache pour être examinée à part. Il me semble qu'à cet égard il conviendra de sous-distinguer dans l'utilisation commerciale, d'une part l'utilisation faite pour des fins commerciales productives, du genre des salles de cinéma, où un droit est perçu, d'autre part l'utilisation commerciale indirecte faite par exemple, pour pousser à la vente d'un article ou pour améliorer l'achalandage d'un commerçant.

M. LE PRÉSIDENT. — L'utilisation à fin de spectacle est une utilisation publique.

M. TIRMAN (France). — La question est la suivante : toutes les fois que l'audition se fait dans une salle publique, dans des conditions telles que les auteurs ont le droit de réclamer leurs droits, y a-t-il lieu d'envisager une certaine part, un certain tantième pour le poste d'émission.

Ce matin M. Timmory a paru dresser les auteurs contre les émetteurs, je ne sais si c'est de bonne politique, car il y a intérêt, en général, pour les écrivains comme pour tous les auteurs, à ne pas se mettre en opposition avec les éditeurs mais à trouver une formule d'union. L'éditeur peut trouver un moyen pour aider à la perception des droits, s'il y trouve un certain intérêt. Je pose la question. Je ne me prononce pas. Mon impression, pour tout dire, est qu'il serait grave de prendre une résolution sur cette question qui demanderait à être étudiée de près. Nous l'avons étudiée, mais je ne suis pas en mesure de proposer un vœu au Congrès sur ce point.

M. LE PRÉSIDENT. — La parole est à M. Timmory, représentant des Auteurs.

M. TIMMORY (France). — Je demande que l'on réserve cette question. J'ai exprimé une opinion personnelle. Je représente des groupes d'auteurs, je représente même la Fédération des Travailleurs Intellectuels, mais nous n'avons jamais abordé cette question. Il y aurait donc intervention de ma part à exposer une doctrine qui risquerait de ne pas être conforme à celle de mes collègues. Je vous ai dit ce matin qu'à mon point de vue personnel il y a une question qui se pose, c'est celle de savoir si les ondes constituent une propriété. Si vous dites que les ondes constituent une propriété, il est juste que le propriétaire retire un profit de sa propriété. Si le fait d'émettre des ondes ne constitue pas une propriété, celui qui émet des ondes n'a aucun droit de propriété.

Je ne veux pas ouvrir cette question ; je crois qu'il vaudrait mieux la réserver.

En ce qui concerne les bons rapports avec les postes d'émission, avec tous les postes qui reconnaissent nos droits d'auteurs, nous en entretenons d'excellents. Quand au raisonnement qui consiste à dire que les intérêts de l'auteur sont absolument liés aux intérêts de l'exploitant...

M. TIRMAN. — Ils sont connexes.

M. TIMMORY. — C'est une opinion qui ne vous est pas personnelle, mais qui est commune à beaucoup de gens et je l'ai entendu soutenir, il y a quelque temps, à une commission, par des éditeurs éminents, qui disaient que ces intérêts sont connexes... oui dans un certain sens, non dans un autre sens.

M. Tirman. — L'éditeur a besoin de bons auteurs et l'auteur a besoin des éditeurs.

M. Timmory. — Il est certain que l'éditeur a le plus grand intérêt à ce que les livres se vendent, mais, d'une façon générale, les intérêts de l'auteur sont liés à ceux de l'éditeur d'une façon particulière. Il est complètement indifférent à l'éditeur qu'un livre soit de Pierre Benoît ou de tel ou tel, du moment qu'il se vend. Par conséquent, l'intérêt de chaque auteur n'est pas forcément lié à celui de l'éditeur et nous voyons des cas où les intérêts d'un auteur sont sacrifiés par l'éditeur à tel ou tel autre écrivain.

Ce sont là questions qui n'intéressent pas ce congrès. Il faut les réserver.

M. le Président. — Est-ce que vous déposez une motion d'ordre ?

M. Timmory. — Oui, monsieur le Président.

M. le Président. — M. Timmory propose donc de renvoyer cette question particulière à un autre congrès. Seulement, Washington n'attendra pas notre prochain congrès.

M. Timmory. — Non, mais d'ici la réunion de Washington, nous solliciterons les avis des auteurs.

M. Homburg, *rapporteur général.* — Washington n'est pas saisi de la question.

M. Tirman. — Il vaut mieux renvoyer cette question. Elle intéresse évidemment le Congrès au premier chef, mais je considère qu'il n'est pas possible de pousser la délibération plus avant, sans que chacun des groupements intéressés ait pu réfléchir et apporter une doctrine, dans la personne autorisée de son mandataire.

M. Homburg, *rapporteur général.* — Alors, renvoyons au prochain congrès.

M. Tirman. — Non pas pour une question de compétence : nous considérons que la question a une grosse importance, mais en raison des déclarations de M. Timmory qui n'a pas eu le temps d'en référer à ses mandants. Pour cette raison, il semble préférable de remettre au prochain congrès.

M. le Président. — La parole est à M. Jean-Bernard.

M. Jean Bernard (France). — Je regrette de ne pas avoir assisté à la séance de ce matin. Je crois qu'il faudrait définir ce qu'est une émission et savoir si une émission est une édition. Je ne veux pas étudier la question de savoir si celui qui émet des ondes est le propriétaire de ces ondes ; mais vous savez qu'un procès a été récemment intenté par la Société des Auteurs, Compositeurs et Editeurs de Musique — je crois d'ailleurs que la Société des Auteurs Dramatiques intentera le même procès — à M. Privat, qui dirige le poste de la Tour Eiffel. Ce procès se résume principalement dans les attendus que que vous connaissez tous et notamment dans le suivant :

« Attendu que les émissions radiotéléphoniques doivent être assimilées à des exécutions publiques...

Or si les émissions sont des exécutions publiques, nous sommes à l'aise pour en parler : ces émissions, qu'il s'agisse d'airs de musique de pièces de théâtre, de morceaux détachés, de pages de littérature, doivent être passibles de droits, en quelque lieu que ce soit.

M. Timmory. — Ce n'est pas la question qui se pose. Il s'agit actuellement d'une question dont nous n'avons jamais parlé. Je demande que nous puissions en référer à nos groupements.

M. Tirman (France). — Nous n'avons pas à parler des droits d'auteur pour le moment : il s'agit simplement de savoir si le directeur d'un établissement qui utilise ainsi les ondes lancées dans l'éther doit une redevance, non pas à l'auteur, au compositeur, mais à l'émetteur. Cette question intéresse les auteurs. Je demande qu'ils y réfléchissent.

M. le Président. — En somme, la proposition pourrait se résumer ainsi : la question des relations entre auteurs et émetteurs sera étudiée dans un prochain congrès.

M. Homburg, *rapporteur général*. — Non, entre émetteurs et receveurs. C'est cette question qui serait renvoyée au prochain congrès.

M. Tirman. — Ce renvoi n'implique aucune solution préjudicielle.

M. Timmory. — Pas du tout !

M. le Président. — Je consulte le Congrès sur cette proposition. (*La proposition est adoptée*).

M. Homburg, *rapporteur général*. — Nous abordons maintenant la discussion de l'article 2 suivant lequel :

« Toute utilisation commerciale d'une émission radioélectrique sans « l'approbation préalable de l'émetteur constitue un fait de concurrence déloyale. »

C'est la question des sanctions du principe que nous avons adopté ce matin. Devons-nous la poser ?

M. Timmory. — C'est une conséquence de l'autre question : réservons la.

M. Homburg, *rapporteur général*. — Nous avons posé le principe général proposé par M. Youpis, que la retransmission ne pouvait se faire sans entente préalable avec l'émetteur. Pouvons-nous dire, comme conséquence logique de ce principe général que si une retransmission ou une reproduction, dans un but commercial, est faite sans entente préalable avec l'émetteur, cette reproduction, cette retransmission constitue un acte de concurrence déloyale et devons-nous chercher à compléter dans ce sens les dispositions de la convention de Paris ?

M. TIRMAN. — Ne pourrions-nous pas fusionner les articles 2 et 3 et dire de façon beaucoup plus simple que les actes de concurrence déloyale en matière d'émissions radioélectriques, seront réprimés conformément au droit commun.

M. TIMMORY. — Pourquoi pas ?

HOMBURG, *rapporteur général*. — Seulement le fait de notre congrès était de compléter la convention de Paris en disant bien quels seront les faits constitutifs de concurrence déloyale.

M. DROUETS (France). — La convention de Paris a été refaite à La Haye en 1925 et on a eu beaucoup de peine à introduire dans l'article 10 bis visant la concurrence déloyale une disposition qui constitue une définition très vague de la concurrence déloyale. Ce n'est qu'après une longue discussion qu'on est parvenu à admettre une formule un peu générale. Primitivement, on voulait s'en tenir à deux exemples. Dans ces conditions, cette formule générale, étant entendu que les exemples cités sont purement énonciatifs, pose que les infractions commises à la règle envisagée — l'obligation pour toute retransmission ou exploitation commerciale d'une émission d'avoir une entente avec l'émetteur — rentrent dans un de ces cas.

Je ne sais pas s'il est nécessaire de prévoir cela, à moins que vous ne visiez les cas de l'article 10 bis.

M. HOMBURG, *rapporteur général*. — A titre indicatif et non limitatif. D'ailleurs, c'est dans cet esprit que nous avons admis à Paris que la répression s'applique à toute transmission d'une émission faite sans accord avec l'émetteur.

M. DROUETS. — Tous les actes contraires à cette règle constituent des actes de concurrence déloyale susceptibles de tomber sous le coup de l'article 10 bis.

M. TIMMORY (France). — Je crois que vous mêlez dans cet article des questions différentes et qu'il importe de distinguer. Le cas de la reproduction n'a rien à voir avec la radiophonie. Dans le premier cas, celui de la retransmission, un poste de radiophonie a payé pour avoir des informations de presse, il a même payé des auteurs pour former son programme ; un autre poste retransmet l'émission du premier, il s'en empare : il y a là évidemment un acte de concurrence déloyale de poste à poste ; nous sommes d'accord. Mais il y a un autre cas prévu par votre article, c'est celui de la reproduction : on se sert de l'émission d'un poste pour l'enregistrer, soit en sténographie, soit sur disque. Là encore, il y a abus de réception, un fait déloyal, mais ce n'est pas au poste émetteur que se devront les dommages-intérêts ; c'est à l'auteur dont l'ouvrage aura été reproduit.

M. DROUETS. — Il y a un acte de contrefaçon vis-à-vis de l'auteur, mais il y a un acte de concurrence déloyale vis-à-vis de l'émetteur.

M. TIMMORY. — C'est tout de même un peu différent.

M. HOMBURG, *rapporteur général.* — C'est une double conception.

M. PITTARD. — Ce sont deux choses absolument différentes et je suis très heureux d'entendre faire ici la distinction entre la contrefaçon et la concurrence déloyale. C'est tout à fait différent. La concurrence déloyale est une notion vague qui peut comprendre des éléments de fait absolument mélangés, tandis que la contrefaçon est de droit étroit ; elle s'applique exclusivement à l'imitation, la contrefaçon dans la propriété industrielle.

Pour vous donner un exemple, en Suisse, où nous avons un Etat fédéral, la contrefaçon est du domaine fédéral, c'est-à-dire que l'on applique la procédure fédérale, qui implique l'emprisonnement et les dommages intérêts. La concurrence déloyale est soumise au tribunal cantonal des différents États. De telle sorte que si j'assigne un monsieur en contrefaçon et en concurrence déloyale, je dois faire deux procès : un procès devant le Tribunal fédéral pour la contrefaçon et un procès devant le tribunal cantonal pour la concurrence déloyale. Je prends un exemple : Un constructeur prétend qu'une autre personne a contrefait son appareil. Il lance une circulaire à ses clients en disant : je fais un procès en contrefaçon à M. X... Moi, qui suis l'objet de cette circulaire, je m'en plains, en même temps que je m'oppose au procès en contrefaçon. Je ne peux pas greffer sur le procès en contrefaçon ma plainte en concurrence déloyale, je ne peux pas greffer sur ce procès ma demande en dommages intérêts pour cet envoi de circulaires, parce qu'il s'agit d'un acte de concurrence déloyale !

Je ne dis pas que c'est le système rêvé, mais je constate qu'il est nécessaire de distinguer entre la contrefaçon et la concurrence déloyale qui est soumise, en grande partie, à l'appréciation du juge. C'est pourquoi je serais heureux d'entendre parler d'infractions ou de contraventions à ce texte, mais sans préjuger s'il s'agira de contrefaçon ou de concurrence déloyale. Que nous demandions une répression uniforme, égale, par voie de conventions internationales qui priment la loi nationale, très bien, mais ne préjugeons pas sur la contrefaçon ou la concurrence. Souhaitons en termes généraux qu'il y ait une réglementation uniforme pour les infractions à la règle posée.

M. Drouets (France). — Les deux actes illicites peuvent se trouver réunis. Le cas envisagé est celui d'une personne qui capte une émission et l'enregistre sur phonographe ; celui-là fait une contrefaçon, en ce sens qu'il reproduit une œuvre sans autorisation, ce dont l'auteur seul peut se plaindre ; l'éditeur n'a rien à voir. Mais en captant l'émission par cet acte illicite et pour cette exploitation commerciale illicite, il commet vis-à-vis de l'émetteur un acte de concurrence déloyale.

Par conséquent, les deux plaignants sont distincts et il naît deux actions distinctes.

M. Homburg, *rapporteur général.* — Nous n'avons pas besoin de viser le fait de contrefaçon : les lois actuelles suffisent. Nous avons eu en vue à Paris les informations de presse ; nous avons pensé que le fait de reproduction illicite pouvait lui être assimilé pour les sanctions.

M. Timmory (France). — Ne pourrions-nous pas dire que ce fait constitue la concurrence déloyale et donne ouverture à l'application de l'article 10 bis de la Convention, indépendamment des actions qui peuvent être engagées du chef de la contrefaçon ?

M. Homburg, *rapporteur général.* — Nous ne nous occupons pas ici de la contrefaçon.

M. Pittard (Suisse). — Pourquoi ne nous occupons-nous pas de la contrefaçon ?

M. Homburg, *rapporteur général.* — Nous pouvons évidemment nous en occuper, mais ce n'est pas au programme du congrès ; nous ne l'avons pas mise à l'ordre du jour.

M. Pittard (Suisse). — Vous intitulez ce chapitre « Propriété industrielle ». La sanction de la propriété industrielle, c'est l'action en contrefaçon.

M. Homburg, *rapporteur général.* — Nous envisageons une partie seulement de la propriété industrielle ; nous n'avons pas la prétention de vider toutes les questions qui s'y rapportent. Du reste, voyez le programme de notre Comité.

M. Tirman (France). — Il est bon de noter que nous ne perdons pas cette question de vue.

M. Homburg, *rapporteur général.* — Nous aurons aussi la question des brevets à examiner.

M. Pittard (Suisse). — Oui, mais même en dehors de cette question de brevet, il y a une question de propriété industrielle.

M. le Président. — Nous pouvons dire que c'est une question qui doit retenir l'attention du Congrès.

M. Pittard (Suisse). — Parfaitement !

M. LE PRÉSIDENT. — La contrefaçon est assez étroitement liée à la concurrence déloyale, bien que les plaignants ne soient pas les mêmes : il peut y avoir contrefaçon à l'endroit de l'auteur et concurrence déloyale à l'endroit de l'émetteur.

M. HOMBURG, *rapporteur général.* — Le Congrès déclare-t-il que la question soit examinée dans son ensemble et que la contrefaçon soit liée à la concurrence déloyale ?

M. TIRMAN (France). — On ne se prononce pas sur la concurrence déloyale.

M. HOMBURG, *rapporteur général.* — Le Congrès veut-il prononcer le renvoi pour le tout ?

M. PITTARD (Suisse). — A mon avis, les deux questions forment un tout.

M. LE PRÉSIDENT. — Il me semble que le principe voté ce matin doive avoir une sanction. Cette sanction était donnée par l'article 2. Or, il ne semble pas que nous devions nous prononcer dès maintenant sur la sanction en ce qui concerne la contrefaçon ; ceci n'empêche pas que nous reprendrons la question. On peut indiquer que nous ne nous occupons pas de la contrefaçon, mais il semble bien qu'il soit conforme au but que nous poursuivons, de voter qu'il y a lieu à sanction. C'est ce que dit l'article 2 et c'est la conséquence du principe que nous avons voté.

M. EMPEYTA (Suisse). — Je m'excuse, pour la première fois où je prends la parole, d'émettre une opinion opposée à la vôtre : il est difficile de prendre une décision sur la concurrence déloyale sans toucher à la contrefaçon. On a établi une distinction, tout à l'heure, en disant : il y a contrefaçon à l'endroit de l'auteur et concurrence déloyale à l'endroit de l'émetteur ; mais il y a des cas où cela s'enchevêtre et il est difficile de traiter un des aspects du sujet en laissant l'autre de côté. Du moment que l'on est d'avis de remettre la question de la contrefaçon, il vaudrait mieux ajourner le tout au prochain congrès.

Il me semble impossible de prendre une décision sur la concurrence déloyale seule.

M. LE PRÉSIDENT. — Il est entendu que toute utilisation commerciale d'une transmission peut constituer le fait de concurrence déloyale ; cela ne veut pas dire qu'elle ne puisse, dans certains cas, constituer un acte de contrefaçon. Par conséquent, statuer actuellement quant à l'obligation d'ajouter une sanction au principe qui a été voté me paraît logique.

M. DROUETS (France). — Ici on ne vise que les relations entre émetteur et récepteur; toutes les autres personnes sont en dehors ; par conséquent, entre le récepteur et l'émetteur, il semble ne pouvoir exister que la concurrence déloyale.

M. LE PRÉSIDENT. — Evidemment, on ne peut pas imaginer entre le récepteur et l'émetteur un acte autre qu'un acte de concurrence déloyale ; on ne peut pas imaginer une contrefaçon ; à moins que l'émetteur ne soit en même temps l'auteur.

M. TIMMORY (France). — La question est de savoir s'il y a un rapport entre le récepteur et l'émetteur : je ne sais pas si, en pareil cas, la concurrence déloyale est possible. Je regrette de ne pas être de l'avis des industriels...

M. TIRMAN (France). — Ce n'est pas l'avis des industriels.

M. TIMMORY (France). —... Ou d'autres personnes. Je demande que la question soit étudiée.

En réalité, la question qui se pose est celle de savoir si l'émission des ondes constitue une propriété. Je vous ai dit pourquoi, à mon avis, il n'en est rien. Alors, s'il n'y a pas propriété, il n'y a pas concurrence déloyale : il n'y a pas de lien de droit.

M. HOMBURG, *rapporteur général.* — Nous n'appliquons la sanction qu'en cas de retransmission, de reproduction.

M. TIMMORY (France). — Vis-à-vis d'un poste émetteur, mais non d'un poste récepteur.

M. DROUETS (France). — Le poste qui retransmet a été d'abord récepteur vis-à-vis de l'émetteur.

Ce matin, j'étais tout à fait de votre avis ; c'est pourquoi j'ai combattu la théorie qui consistait à vouloir admettre des relations directes entre tous les émetteurs et tous les récepteurs, parce que là j'estime qu'on va trop loin. Mais cependant il y a des cas où, en fait, nous nous trouvons en présence de deux industriels faisant une émission et voulant profiter l'un de l'autre. Là, il faut que nous intervenions.

M. TIMMORY (France). — Si nous considérons la chose ainsi, je suis d'accord avec vous.

M. LE PRÉSIDENT. — C'est la sanction que l'on pourrait envisager vis-à-vis d'une agence faisant concurrence à une autre, d'un journal qui volerait des nouvelles par l'intermédiaire d'un imprimeur. En somme, c'est le pillage des nouvelles.

M. TIMMORY (France). — Alors, nous sommes d'accord.

M. LE PRÉSIDENT. — Si vous vous reportez par le souvenir à la discussion de ce matin, vous remarquerez que la sanction que je propose que nous votions est relative au principe que nous avons admis, sur la proposition de M. Youpis : aucune retransmission radioélectrique ne peut être faite dans un but commercial sans une entente préalable avec l'émetteur.

La conséquence toute naturelle de ce principe, c'est que s'il n'y a pas une entente préalable, il y a un fait de concurrence déloyale.

Voilà le point sur lequel nous vous demandons de vous prononcer.

M. Timmory (France). — Mais, encore une fois, la reproduction n'a rien à voir avec la retransmission ! Pour la retransmission, oui, mais pour la reproduction, non. Prenez le cas de celui qui a un poste de radio à Paris ; il reçoit des chansons, il les enregistre sur un disque.

M. Homburg, *rapporteur général.* — Ce n'est pas la question.

M. le Président. — Nous sommes dans le domaine des rapports entre industriels ; demain, nous arriverons à la propriété littéraire.

Je vous demande de vous prononcer sur le principe que je vous ai rappelé.

M. Homburg, *rapporteur général.* — Le Bureau vient d'être saisi d'une proposition du Comité norvégien, rappelant l'observation par lui faite à La Haye, à savoir que dans quelques pays il n'y a pas de loi punissant la concurrence déloyale et que, pour cette raison, il faut s'en tenir à une formule extrêmement vague et générale.

C'est l'opinion du Comité. Et je crois que c'est celle du Comité consultatif de la Chambre de Commerce Internationale.

M. Tirman (France). — En effet, je présidais à ce moment le Comité consultatif. Nous avons demandé que la notion de concurrence déloyale fût précisée et élargie et l'unanimité s'était faite parmi les délégués de tous les pays.

M. Drouets (France). — De même, à Paris, on a été amené à dire qu'en dehors des lois visant tel ou tel fait spécial de concurrence déloyale, il doit y avoir des sanctions autant que possible suffisantes pour tous les faits de concurrence déloyale tels qu'ils sont visés à La Haye, c'est-à-dire tous les actes contraires à la loyauté ordinaire des transactions commerciales.

M. Pittard (Suisse). — Pourquoi ne pourrait-on pas prévoir que « toute infraction à cette règle doit être punie ou sanctionnée » sans préciser le caractère de cette infraction ni la punition à appliquer? Puisque vous estimez que la défense doit être accompagnée d'une sanction, pourquoi ne pas mettre alors : « Les traités pourront prévoir des sanctions » ?

La concurrence déloyale, dans chaque pays, a sa doctrine particulière : on n'en sortira pas !

M. le Président. — Voici ce que l'on pourrait dire : « Les traités devront prévoir des sanctions en cas de violation de ce principe ».

M. Drouets. — Ajoutez simplement à la première phrase qui a été votée :

« Sous peine de sanctions civiles ou pénales à prévoir ».

Il n'y aura qu'une seule phrase. Je crois que c'est encore la solution la meilleure.

M. Tirman. — Je proposerai la rédaction suivante : « l'application des sanctions pénales qui devraient être inscrites dans les législations nationales suivant les directives tracées par la convention internationale ».

M. Konic (Pologne). — Je crois que ce texte présume que toutes les législations nationales possèdent des lois sur la concurrence déloyale.

M. Tirman (France). — Elles devraient en posséder.

M. Konic (Pologne). — La Pologne, l'an dernier, a promulgué une loi sur la concurrence déloyale, mais je crois que tous les pays ne possèdent pas une loi semblable, alors peut-être faudrait-il prévoir dans le texte que nous votons que toutes les législations nationales devront renfermer une loi spéciale sur la concurrence déloyale.

M. Buser (Suisse). — Je voudrais appuyer ce que vient de dire M. Konic. Je crois que l'on ne peut insérer ici qu'une règle tout à fait générale.

D'autre part, je voudrais attirer votre attention sur l'article 89 de la convention concernant les Postes qui dit :

« Les dits contractants s'engagent à prendre et à proposer à leur « pouvoir législatif les mesures nécessaires pour punir tant la contre« façon que l'usage frauduleux pour l'affranchissement des envois « postaux... »

Par conséquent chaque pays doit prendre des mesures pour réprimer la contrefaçon, mais chaque pays a la liberté de procéder comme il veut. Il doit simplement se conformer à cette règle générale contenue dans la convention.

Je crois qu'il faut adopter une semblable solution pour les questions de concurrence déloyale et de contrefaçon en matière de radioélectricité.

M. le Président. — La proposition de M. Buser peut se résumer sous cette forme : « Il est souhaitable que les dits contractants s'engagent à prévoir des sanctions en vue de la répression des violations au principe admis ».

M. Tirman (France). — Comme de tous actes de concurrence déloyale.

M. Drouets (France). — C'est ce qu'on a mis dans la convention de la Haye et ce qui serait le plus simple. Nous n'aurions qu'à dire :

sous peine des sanctions civiles ou pénales qui devront être prévues dans les législations nationales de chaque pays».

M. LE PRÉSIDENT. — La proposition de M. Buser, amendée quant à la forme par M. Drouets, serait donc celle-ci :

«... sous peine des sanctions civiles ou pénales qui devront être « prévues dans la législation des pays contractants».

M. HARTWICH (Autriche). — Je crois qu'une idée générale est déjà donnée dans l'article 10 *bis* de la convention de Paris pour la protection de la propriété industrielle et commerciale qui dispose que :

« Les dits contractants sont tenus d'assurer aux ressortissants de « l'Union une protection effective contre la concurrence déloyale.

« Constitue un acte de concurrence déloyale tout acte de con« currence contraire aux usages honnêtes en matière commerciale ou « industrielle.

« Notamment, devront être interdits :

« 1° Tout fait quelconque de nature à créer une confusion par « n'importe quel moyen avec les produits d'un concurrent ;

« 2° Les allégations fausses dans l'exercice du commerce de nature à « discréditer les produits d'un concurrent ».

Je crois que les articles 1 et 2 de notre chapitre 3 du programme : Propriété commerciale et industrielle, sont déjà contenus dans ces phrases que je viens de rappeler et qu'il n'est pas nécessaire d'avoir des articles spéciaux pour dire que l'utilisation commerciale d'une émission radioélectrique est un fait de concurrence déloyale. Quand on dit que devra être interdit tout fait quelconque de nature à créer une confusion par n'importe quel moyen, tout est déjà dit.

M. TIRMAN (France). — Nous ne disons pas autre chose ; nous sommes d'accord.

M. HARTWICH (Autriche). — Oui, mais il ne faut pas spécialiser.

M. LE PRÉSIDENT. — Nous sommes donc en face de plusieurs opinions. Les uns, comme M. Hartwich, voudraient que nous mentionnions que les règles admises par la convention pour la protection de la propriété industrielle et commerciale seront appliquées en radio-électricité en matière de concurrence déloyale, Nous pensons qu'il est peut-être préférable, pour faire un instrument complet de notre convention à venir, d'indiquer qu'une sanction doit être prise. A titre d'indication, on pourrait répéter dans notre texte le cas que nous prévoyons.

M. TIRMAN (France). — Nous n'avons qu'à dire : tous actes de concurrence déloyale. C'est la formule de M. Drouets.

M. LE PRÉSIDENT. — Oui, M. Drouets, termine sa formule par les mots : «... comme tous actes de concurrence déloyale ».

En réalité, je crois que ces deux propositions ne s'opposent pas, mais qu'elles précisent l'une et l'autre ce point particulier.

M. Hartwich (Autriche). — Je crois la mienne plus large ; dans la convention de La Haye, on a dit tout ce qu'il y avait à dire.

M. Tirman (France). — A la convention de La Haye, on a pris une formule générale ; ici nous sommes dans une matière où nous spécialisons. Nous ne rédigeons pas la convention de la Haye.

M. Homburg, *rapporteur général*. — Nous faisons une convention spéciale à la T.S.F ; il ne faut pas l'oublier.

M. Tirman (France). — Et nous appliquons à la T. S. F. le principe posé par la convention de La Haye.

M. Eichenwalt (U. R. S. S.). — L'U.R.S.S. a elle aussi une loi sur la concurrence déloyale, mais notre délégation ne pourra pas voter la formule proposée ici, parce que la première partie envisage justement la retransmission qui n'a pas été acceptée par nous.

M. le Président. — Évidemment, c'est la conséquence logique de ce que vous avez déjà voté.

M. Tirman (France). — Mais vous ne protestez pas contre le principe ?

M. Eichewalt (U.R.S.S.). — Pas du tout !

M. le Président. — Dans ces conditions, je pense qu'il n'y a plus de divergences. Je remercie M. Hartwich de ces remarques qui corroborent ce qui avait été déjà dit et je mets aux voix l'adoption des propositions qui ont été faites.

(Adopté à l'unanimité moins la voix de l'U.R.S.S.).

M. le Président. — Avant de passer à l'examen de la question de la propriété littéraire et artistique, est-ce que vous ne pensez pas que nous pourrions examiner, dès maintenant, le droit de vote des Etats ?

Plusieurs voix. — Non... non !

M. le président. — Alors, nous renvoyons cette question à demain ou à après demain et nous allons prendre dès maintenant la question de la *propriété littéraire et artistique*.

M. Tirman (France). — Il est utile de rappeler ici que M. Maillard, qui préside le Comité de l'Association littéraire et artistique, qui devait se rendre à ce congrès, a exprimé le regret de ne pouvoir se rendre à Genève et il a chargé M. Homburg de le représenter. Il a donc ici une double qualité : celle de Rapporteur Général du Congrès et celle de représentant de l'Association littéraire et artistique internationale.

M. Homburg, *rapporteur général*. — J'avoue que cette double qualité va peut-être me gêner, car je suis obligé d'indiquer qu'à un moment donné, nous avons dû nous séparer, au sein de la commission mixte, du Comité International de T. S. F. et de l'Association littéraire et artistique internationale, sur certains points de la question.

En effet, si les deux associations internationales ont toujours été complètement d'accord sur les principes, elles se sont trouvées séparées, en ce qui concerne quelques modalités d'application, notamment pour la perception et la répartition des droits.

Mais les principes généraux qui ont été adoptés sont les mêmes qui seront exposés ici et présentés au Congrès International de Lugano.

M. TIRMAN (France). — Où M. Drouets sera.

M. HOMBURG, *rapporteur général.* — Le premier de tous, le congrès de notre Comité, en 1925, à Paris, a posé le principe général de l'application du droit de propriété intellectuelle, littéraire et artistique aux œuvres diffusées, transmises par radioélectricité. C'est ainsi que nous avons voté un article ainsi conçu :

« *Article Ier*. — Le droit de propriété intellectuelle reconnu par la « convention internationale de Berne de 1886 sur la protection des « droits des auteurs, révisée à Berlin en 1908, s'applique à la « diffusion des œuvres intellectuelles par tout mode de transmission « ou d'exécution. Il s'applique, par suite, avec toutes ses consé« quences, à leur diffusion radioélectrique (Art. 2 du projet du « Congrès de Paris du C. I. T. S. F.).

« Dès lors, les auteurs d'œuvres littéraires ou artistiques jouissent « du droit exclusif d'autoriser l'émission et la communication de leurs « œuvres au public par la télégraphie ou la téléphonie avec ou sans « fil ou par tout autre moyen analogue servant à transmettre les sons « ou les images ».

Messieurs, cet article Ier était d'une sage hardiesse. Je dis hardiesse, parce que c'était, comme je viens de le rappeler, le premier congrès qui fît entrer la radiophonie dans le droit existant ; et je dis sage, parce que le Congrès n'a fait là qu'une application nouvelle d'un principe ancien : le principe posé par la convention de Berne, principe fortifié par l'expérience et presque universellement admis.

Depuis, dans un congrès également tenu à Paris en 1925 et qui suivit de près notre premier congrès, l'Association littéraire et artistique internationale, qui s'occupe spécialement des questions de droits d'auteurs, a repris notre vœu sous une forme à peu près semblable.

Je crois utile de rappeler ce vœu, car c'est un peu l'historique de la question que je fais en ce moment :

« Le Congrès, confirmant le principe justement établi par le Congrès « International de T. S. F.

« Emet le vœu que, dans toutes les législations soit posée notam« ment cette double règle : l'émission radioélectrique d'une œuvre « littéraire, dramatique, musicale, n'est licite qu'avec l'autorisation « de l'auteur ou de ses ayants droit. En outre, la diffusion dans un « lieu public de l'exécution transmise par voie radioélectrique est sou« mise aux droits d'auteur, comme toute exécution publique ».

Nos associations avaient voté ces textes, lorsque le Bureau International de Berne et l'Administration italienne proposèrent l'adoption d'un nouvel article II bis modificatif de la convention d'Union. Cet article serait conçu comme suit :

« Les auteurs d'œuvres littéraires ou artistiques jouissent du droit « exclusif d'autoriser la communication de leurs œuvres au public par « le télégraphe ou le téléphone, avec ou sans fil ou par tout autre « moyen analogue servant à transmettre les sons ou les images ».

Le Bureau de Berne et l'Administration italienne motivaient leur proposition par ces quelques mots que je crois utile de vous lire (1).

« Ordinairement, les lois intérieures ne prévoyaient pas ce mode de « diffusion d'une œuvre littéraire ou artistique. D'autre part, elles ne « contenaient pas de formule générale comme « protection de l'auteur « contre toute utilisation quelconque » et elles se bornaient à donner « une énumération, le plus souvent limitative, des droits spéciaux dont « les auteurs jouissent

« Dans ces conditions, il importait de savoir si la radiodiffusion, la « diffusion radiophonique, constituait une reproduction, une exécution « ou une récitation publique et, en outre, si la récitation dans la radio « d'une œuvre littéraire déjà publiée tombait sous le coup de la loi qui « exclut de la protection la récitation d'œuvres publiées ».

C'est pour tenir compte des propositions de Berne et de l'administration italienne que nous avons maintenu le texte de notre principe général, et nous vous proposons de le compléter comme suit :

« Dès lors, les auteurs d'œuvres littéraires ou artistiques jouissent « du droit exclusif d'autoriser l'émission et la communication de leurs « œuvres au public par la télégraphie ou la téléphonie avec ou sans « fil ou par tout autre moyen analogue servant à transmettre les sons « ou les images. »

Une question de forme se pose : savoir si l'on doit faire, pour la question des émissions radiophoniques, un nouvel article absolument distinct

(1) V. Le droit d'auteur, 1927.

des autres articles de la convention de Berne, comme il y a déjà un article 14 pour la cinématographie, ou s'il y a lieu de la faire entrer dans le cadre, non plus de la convention de Berne, mais d'une convention nouvelle spéciale à la radioélectricité. Ici, vous trouverez l'opinion d'une grande partie des membres de l'Institut de Coopération Intellectuelle qui estiment qu'il faut faire une convention unique, particulière à la T. S. F.

Deux questions se posent donc : une question de fond, celle de l'adoption des articles proposés, et une question de forme, celle de savoir comment nous allons proposer à la ratification des Etats les textes votés par le Congrès.

M. Drouets (France). — Je voudrais présenter une observation générale qui vise ce que vous disiez au sujet de l'avis de l'Institut de Coopération Intellectuelle. Cet avis, c'est la conséquence d'une tendance de la Société des Nations de vouloir, à côté des grandes conventions qui existent, faire des conventions particulières conclues sous son égide.

Pour notre part, nous nous sommes toujours efforcés de lutter contre cette idée, parce que nous estimons que, du moment où il y a des unions organisées qui visent des buts particuliers, il n'est pas nécessaire de mélanger les questions pour faire de nouvelles conventions.

C'est ainsi que la Société des Nations, dans la personne de sa commission économique, avait envisagé la conclusion d'une convention spéciale à la concurrence déloyale et a réuni ici, à Genève, voici trois ans, une Conférence d'experts de différents pays. La première question qui s'est posée a été : doit-on faire une convention spéciale au sujet de la concurrence déloyale, suivant les propositions présentées, ou, étant donné que la concurrence déloyale est nommément désignée dans la convention sur la propriété industrielle, ne vaut-il pas mieux chercher à améliorer cette convention, en y introduisant des dispositions complémentaires pour la concurrence déloyale ?

A une très grosse majorité, c'est cette opinion qui a prévalu et le Comité Economique de la Société des Nations a été le premier à reconnaître qu'il valait mieux procéder ainsi, que du moment que l'on était dans une matière spéciale, traitée déjà par des conventions internationales, il y avait tout intérêt à se servir de ces conventions internationales.

Or, en fait, qu'est-ce que l'émission par radiophonie d'une œuvre littéraire ? C'est une reproduction. Etant donné que les actes de reproduction sont visés dans la convention de Berne, de même que le cas de la photographie pour le cinéma, pourquoi ne pas introduire ces dispositions dans la convention de Berne, qui doit être révisée ? C'est une convention qui, d'après son texte même, doit être révisée, que l'on doit mettre à jour, pour y introduire les clauses nouvelles dont l'utilité se trouve démontrée par les faits, par les inventions qui surgissent.

J'estime qu'il serait tout à fait logique d'insérer, comme l'ont proposé le Bureau International de Berne et l'Administration Italienne, dans une nouvelle convention de Berne, les dispositions relatives à la protection de la reproduction des œuvres littéraires et artistiques par la voie de la radioélectricité.

M. Timmory (France). — Je suis absolument de l'avis de M. Drouets. Je demande simplement à faire une observation qui va concorder avec la vôtre. Le mot reproduction est le seul qui figure dans la convention de Berne, or il ne s'agit pas nécessairement d'une reproduction ; nous sommes en présence d'un nouveau mode d'expression de la pensée qui peut être tantôt une traduction, tantôt une reproduction.

M. Drouets. — Parfaitement.

M. Eichenwalt (U. R. S. S.). — Je voudrais présenter quelques observations sur les conventions. Il y a une convention télégraphique et une convention radiotélégraphique, mais ce sont des conventions purement techniques. Le but des administrations du Télégraphe et des Postes est uniquement de transporter quelque chose, soit des lettres, soit des sons, soit des signes ; mais le contenu de ce qu'elles transportent, lettres, télégrammes, signes, etc., ne fait pas partie du travail de ces administrations. Puisqu'il y a une convention qui les régit, ne serait-il pas possible d'introduire dans cette convention quelque chose qui porte précisément sur la nature de ce qui est transporté, en tenant toujours compte bien entendu — ceci d'ailleurs se trouve dans la convention — de ce qui peut être nuisible à l'Etat.

M. Timmory. — Si j'ai bien compris ce que vient de dire M. Eichenwalt, je crois que nous sommes d'accord avec la Délégation soviétique, ce qui ne nous arrive pas tous les jours ! (*Sourires.*) Nous avons eu même l'occasion de dire à l'administration française des Postes qu'elle avait commis des abus de monopole, étant donné qu'elle était là pour transporter, pour assurer les communications, les transmissions, mais qu'elle n'avait pas à exploiter les œuvres de la pensée. J'ajoute qu'elle est obligée de reconnaître aujourd'hui que nous avons raison.

C'est bien ce que vous avez voulu dire ?

M. Eichenwalt (U. R. S. S.). — Oui.

M. Huber-Noodt, de l'*Institut de Coopération Intellectuelle*. — Je crois qu'il y a des Etats qui n'ont pas adhéré à la convention de Berne.

On risquerait, dans ce cas, de faire un nouveau texte qui resterait sans effet.

M. DROUETS (France). — Il est évident qu'il y a des Etats qui n'ont pas adhéré à la convention de Berne.

M. LE PRÉSIDENT. — Il est possible que cette adjonction amène de nouvelles adhésions.

M. HOMBURG, *rapporteur général*. — Le Congrès serait donc d'avis de proposer ces articles comme une adjonction à la convention de Berne ?

M. DROUETS (France). — Il y aurait peut-être moyen de concilier les deux choses et on pourrait ainsi toucher les Etats qui ne sont pas adhérents à la convention de Berne. Il arrive que, dans des conventions spéciales, on se réfère aux autres conventions qui visent les questions particulières qui peuvent découler de l'application de la convention. On pourrait faire de même.

M. HIRSCHFELD (U. R. S. S.). — En ce qui concerne la question de forme, notre point de vue a été exposé par mon collègue. Il est évident que les stipulations relatives au droit d'auteur dans le domaine de la radioélectricité doivent être fixées dans la convention générale qui règle d'une manière globale la question des droits d'auteur.

En ce qui concerne la question de fond, il semble que, dans la pratique, la question soit aussi complexe, les solutions aussi variées que pour la concurrence déloyale. Permettez-moi donc de vous exposer ce qui se passe, en pratique, chez nous.

Dans l'U. R. S. S., les droits des auteurs sont défendus par une loi spéciale ; cependant, en ce qui concerne la radiophonie, les droits des auteurs sont limités.

Au mois d'avril 1927, un décret spécial a été pris, restreignant les droits des auteurs et des exécutants par rapport au microphone. C'est ainsi que, notamment :

1° Les établissements et les organisations ayant droit au broadcasting et énumérés dans une liste spéciale sont autorisés à transmettre par la radiotéléphonie les œuvres musicales, dramatiques, lectures, rapports, etc., exécutés dans les théâtres, salles de concerts, auditoires et autres places publiques, sans aucune indemnité particulière, ni en faveur des auteurs ou des exécutants, ni en faveur des théâtres, entrepreneurs de spectacles, etc.

2° La liste des organisations et des établissements auxquels ce décret est applicable est sanctionnée par le Conseil du Travail et de la Défense, d'après la présentation du Commissariat du Peuple aux P. T. T., d'accord avec les Commissariats du Peuple à l'Instruction et les Conseils des Syndicats des républiques confédératives respectives.

Il faut dire que, pendant le tsarisme, le nombre des illettrés était considérable et, malgré le travail considérable qui a été fait, malgré la très sensible propagation de la lecture et de l'écriture dans le pays au cours de ces dernières années, bien que la population soit douée au point de vue musical, les auteurs et les exécutants les plus célèbres ne sont pas suffisamment connus de la population. Je crois, d'ailleurs, que ce n'est pas seulement le cas en U. R. S. S., mais dans tous les pays. En conséquence, la radiophonie est un moyen sûr de faire connaître de la population les maîtres de la science, de la littérature et de l'art.

Le résultat du travail du radiotéléphone est de remplir les théâtres et les concerts et d'accroître incessamment la vente des œuvres littéraires et musicales.

Il s'ensuit que cette loi a été bienfaisante pour le pays et pour les intérêts des auteurs et des exécutants de l'U. R. S. S. C'est-à-dire que la soi-disant liberté ainsi accordée ne paraît pas nuire aux intérêts des auteurs ou des exécutants ; c'est ce que la pratique a montré.

En tant que des exécutants étrangers prennent part à des concerts, à des représentations ou font des conférences, des rapports publics, ils sont soumis au décret dont je viens de parler relatif aux droits du « microphone ». En vertu de quoi, dans tous les contrats passés avec les exécutants étrangers se trouvant en U. R. S. S. se trouve inclus la réserve respective.

Quant aux droits d'auteur dans le domaine international, l'U. R. S. S. jusqu'à présent n'est pas liée par des conventions internationales d'ordre général et, en principe, elle est pour leur fixation dans des arrangements particuliers avec les divers pays.

Il résulte de cet exposé que nous ne pouvons pas accepter une loi réglementant ces questions d'une manière générale.

M. Timmory. — Sans doute !

M. Alpi Jean-Bernard. — Je vous demande de laisser de côté l'opinion de l'honorable délégué de l'U. R. S. S., parce que nous savons tous que la loi russe de décembre 1926 est abominable pour les voisins.

L'Union soviétique a cependant reconnu, en principe, le droit d'auteur, en lui accordant une protection de 12 ans, du jour de la publication. Mais je demande à l'honorable délégué de l'U. R. S. S. s'il est satisfait de ce moyen qui consiste à dire que du moment qu'un auteur est joué par un microphone, que son œuvre est ainsi diffusée, il se trouve largement rémunéré par la publicité que peuvent lui faire les ondes qui la transportent !

Je m'élève — et je vois mon cher Maître Timmory qui s'élève comme moi — contre pareille prétention. Jamais notre pays, pas plus que les autres d'ailleurs, n'acceptera cela. Je reviens de Rome : nous avons tous été d'accord pour admettre que la radiophonie devait rapporter à l'auteur la part légitime qui lui est due.

M. TIMMORY (France). — Je fais simplement remarquer que ce régime a été celui de bien des pays européens où on applique vos principes, mais nous sommes bien résolus à faire cesser cet état de choses. Nous ne payons pas notre boulanger avec de la publicité ! et quand on utilise l'œuvre de la pensée d'une façon quelconque, nous demandons comme tous les intellectuels une juste rémunération !

M. HIRSCHFELD (U. R. S. S.). — Nous ne vous demandons pas d'imiter notre exemple... (*Sourires.*) C'est à titre d'information que j'ai fait cet exposé. Mais ce que je soutiens, c'est que le principe qui est appliqué chez nous ne nuit pas aux intérêts des auteurs. Je répète et je souligne que cette manière de procéder a été arrêtée d'accord avec l'association des auteurs et éditeurs.

M. BUSER (Suisse). — D'après moi, il y a deux voies possibles pour atteindre le but que nous nous proposons. La première consisterait à faire insérer les dispositions dont nous nous occupons dans la convention de Berne révisée et complétée ; la seconde consisterait à insérer dans la convention que l'on prépare une disposition disant que les Etats qui ont adhéré à la convention de Berne s'engagent à appliquer les règles posées à la radioélectricité et que les Etats qui n'ont pas adhéré à la convention de Berne s'engagent à prendre des mesures analogues.

Je crois que c'est cette solution qui serait la plus favorable aux auteurs. Il serait peut-être bon d'exprimer un vœu en ce sens.

M. TIRMAN (France). — Les deux idées se concilient très bien.

M. LE PRÉSIDENT. — M. Buser propose : 1° que d'une manière générale, les articles concernant la propriété littéraire, soient renvoyés à la convention de Berne, qui doit être révisée et complétée et qu'un vœu dans ce sens soit émis ; 2° que les Etats qui ont adhéré à la convention de Berne s'engagent à appliquer cette convention à la transmission radioélectrique ; 3° que ceux qui n'ont pas adhéré à la convention de Berne s'engagent à prendre des mesures analogues dans leur législation nationale.

M. BUSER (Suisse). — Oui, je demande, en somme, que les Etats qui n'ont pas adhéré à la convention de Berne s'engagent à appliquer les règles posées par cette convention complétée et que les Etats qui n'ont pas adhéré s'engagent à étudier des dispositions analogues sur la base de leur législation nationale. De cette façon, nous pourrions toucher même les Etats qui n'ont pas adhéré à la convention de Berne.

M. Konic (Pologne). — Il est certain que les législations nationales concernant les droits d'auteurs doivent s'étendre à la radiophonie et, même en France, qui ne possède pas une loi spéciale pour les auteurs, je suppose que la jurisprudence est de cet avis que la protection des droits d'auteurs doit s'étendre à la radiophonie. Mais, tout de même, je suis d'avis que dans la convention de Washington il serait utile d'insérer des dispositions qui soulignent les droits des auteurs et je crois qu'il serait nécessaire d'admettre les dispositions proposées par le rapporteur général.

M. le Président. — Je ne sais pas si nous sommes en face de deux propositions qui s'opposent, mais je ne le crois pas. Le vœu qui est exprimé par M. Buser ne s'oppose pas aux propositions du rapporteur général ; les deux se complètent. Les vues de M. Buser peuvent parfaitement être présentées à Washington.

M. Konic (Pologne). — Oui, mais je suis d'avis que ce soit mis dans la convention.

M. le Président. — C'est la question que je pose au Congrès ?

M. Buser (Suisse). — En réalité, quelle est la proposition du rapporteur général ?

M. Homburg, *rapporteur général.* — Moi, je n'ai pas fait de proposition en ce qui concerne l'insertion de nos résolutions dans telle ou telle convention. J'ai fait une proposition de fond, mais j'ai signalé au Congrès l'intérêt qu'il peut y avoir à se prononcer sur la question de savoir si on doit insérer l'article que nous discutons, plutôt dans la convention de Berne que dans une convention spéciale ou poser dans la convention de Berne un principe général dont nous demanderions l'application à la radioélectricité.

Je ne peux pas faire une proposition spéciale à ce sujet.

M. Konic (Pologne). — Pourquoi pas ? C'est notre point de vue. Nous pouvons dire que ces dispositions devraient figurer dans la convention de Washington.

M. Homburg, *rapporteur général.* — Je crois qu'à Washington, il est difficile de traiter des droits d'auteur.

M. Konic (Pologne). — Mais hier nous avons parlé d'autres questions et toutes les propositions émises concernent la convention de Washington. Pourquoi cette question devrait-elle être biffée ?

M. Pittard (Suisse). — En ce qui concerne la méthode de travail de notre Comité International, il est désirable que notre Comité affirme des principes. Evidemment, ici, nous nous comprenons et nous sommes tous d'accord ; seulement, pour l'extérieur et pour le public, nous devons affirmer une volonté unanime. C'est pourquoi j'accepterai le chapitre I du paragraphe II comme une déclaration de principe ; d'autant plus que cela ne peut pas nuire à notre Congrès. M. le Délégué de la Pologne nous disait très justement que ceci est prévu par la loi polonaise, mais nous ne savons pas jusqu'où va porter notre décision : elle peut intéresser certains pays, influer sur leur manière de penser.

Pour ma part, je propose fermement l'adoption du texte tel qu'il a été proposé, sous réserve que s'il y a des modifications de texte à envisager, elles soient apportées ensuite, mais je demande l'adoption du texte du rapporteur général.

En ce qui concerne la rédaction d'une convention particulière touchant tous les points de la radioélectricité ou la proposition d'insérer dans chaque convention respective ce qui touche à la radiophonie ou mieux la radioélectricité, je suis partisan du second système. Ceci n'est pas pour faire opposition à M. Homburg ; c'est parce que toutes ces conventions ont leur histoire, leur base juridique étudiée, leur interprétation, leur application par des lois les introduisant dans chaque pays et on peut dire que, actuellement, les conventions de 1883 sur la propriété industrielle, de 1886 sur la propriété littéraire, forment un domaine tellement connu qu'il n'y a pour ainsi dire plus de contentieux à cet égard.

J'estime donc que, pour l'utilité de ces règles, il vaut mieux les insérer dans des textes dont la conception, l'évolution et l'application sont maintenant hors de discussion. Cela leur donnera une plus grande portée.

Si nous faisions une convention spéciale de la radioélectricité sous toutes ses formes, nous aurions à faire tout le chemin qu'ont fait ces conventions et il y a des points sur lesquels nous retarderions l'application des règles qui auraient pu s'appliquer immédiatement, parce que les autres instruments sont là déjà.

Je ne m'oppose pas à l'idée dans un avenir que je souhaite prochain, de condenser en un seul instrument tous les textes qui touchent à la radioélectricité : cela se fera sous forme de recueil de textes ou de convention, mais, pour le moment, je préconise la forme indiquée par M. Buser : insérer dans les conventions déjà existantes les textes relatifs à la radioélectricité. Cela ne m'empêche pas d'adopter ce premier article comme déclaration de principe.

M. Kucera (Tschéco-Slovaquie). — Je suis d'avis que nos conclusions concernant la propriété littéraire et artistique doivent être présentées à la conférence de Rome qui aura lieu au mois de septembre et qui modifiera la convention de Berne et non pas à la convention de

Washington, parce que c'est une conférence des administrations télégraphiques qui ne s'occupera pas du droit des auteurs. Vous savez que l'Union radiophonique fera la même chose. Elle a convoqué une conférence pour le 1er juillet, à Copenhague, qui présentera l'avis de l'Union radiophonique à cette conférence de Rome.

M. LE PRÉSIDENT. — Votre proposition consiste donc à renvoyer nos décisions à l'examen du Congrès de Rome.

M. TIRMAN (France). — Toutes les observations concordent : ces dispositions doivent trouver place dans les conventions qui règlent la matière. Ceci n'empêche pas que le débat doit être porté à la connaissance de la conférence de Washington, surtout pour les Etats qui n'ont pas adhéré à la convention de Berne.

M. LE PRÉSIDENT. — Par conséquent, il n'est pas fait opposition à l'adoption de l'article 1er. Les difficultés portent sur la forme de la présentation du vœu. Je puis donc dire que vous vous êtes prononcés à l'unanimité sur la question de principe posée par l'article 1er. Ensuite, il semble que vous soyez d'avis de renvoyer à la Convention internationale sur la propriété intellectuelle, qui va se tenir à Rome, les dispositions sur la radioélectricité à insérer dans cette convention.

M. HOMBURG, *rapporteur général*. — En ce qui concerne la rédaction, il faut que je mette en parallèle le texte tel qu'il est rédigé par votre Comité et le texte, légèrement différent dans la forme, qui sera présenté à Lugano par l'Association littéraire et artistique internationale. Comme les deux associations ont travaillé ensemble et que notre Comité sera représenté à Lugano, il y a intérêt à ce que les congressistes aient sous les yeux les deux rédactions.

Comme je vous l'indiquais, nous sommes absolument d'accord sur le fond ; seule une question de forme nous sépare. L'Association littéraire artistique internationale propose :

« Les auteurs d'une production du domaine littéraire, artistique, « scientifique et cinématographique jouissent du droit exclusif d'autori- « ser la communication de leurs œuvres au public par télégraphie ou « téléphonie avec ou sans fil ou par tous autres moyens analogues ser- « vant à transmettre les sons ou les images.

La différence avec notre texte tient à ce que le texte de cette Association est présenté comme devant être un nouvel article 11 *bis* dont la rédaction se trouve toute prête, tandis que, de son côté, notre Comité a cru devoir poser plutôt un principe que rédiger un texte d'article ; c'est pourquoi il a pris la forme très générale de l'article 1er qui vous est soumis.

M. TIRMAN (France). — Il me semble qu'il serait extrêmement facile

7

de souder le tout ; suivant les principes du Congrès, nous formulons une résolution qui est notre article 1er et, comme conséquence de cette résolution, nous demandons que dans la convention internationale qui doit être discutée à Rome soit insérée une disposition qui pourrait être ainsi conçue : nous reprenons le texte de l'Association internationale que vous nous avez fait connaître. Alors, nous avons la résolution que demandait M. Pittard ; nous allons même plus loin, en suggérant un texte.

M. Pittard. — Nous sommes d'accord.

M. Homburg, *rapporteur général.* — Par conséquent, le paragraphe 2 de notre article 1er deviendrait un article 11 *bis* ainsi conçu :

« Les auteurs d'œuvres littéraires ou artistiques jouissent du droit « exclusif d'autoriser l'émission et la communication de leurs œuvres « au public par la télégraphie ou la téléphonie avec ou sans fil ou « par tout autre moyen analogue servant à transmettre les sons ou les « images ».

A moins que vous ne préfériez le texte un peu différent de l'Association littéraire et artistique internationale ;

« Les auteurs d'une production du domaine littéraire, artistique, scientifique et cinématographique... au lieu de : « Les auteurs d'œuvres littéraires ou artistiques... etc... »

M. Kucera (Tchéco-Slovaquie). — En ce qui concerne les œuvres littéraires, il faut ajouter « non encore publiées », parce que les œuvres littéraires publiées sont libres pour la radiodiffusion (*Protestations*).

M. Homburg, *rapporteur général.* — Ceci est une question de législation interne.

M. Alpi Jean-Bernard. — En ce qui concerne le cinéma, vous savez que l'Amérique a été réfractaire à la convention de Berne pour le cinéma justement. Donc, si vous ajoutez le ciména, vous allez immédiatement fournir à l'Amérique l'occasion de ne pas vouloir adhérer complètement à la convention de Berne. A l'heure actuelle, l'Amérique est dans les meilleures dispositions pour adhérer à la convention. Son délégué à Rome a fait une déclaration officielle à ce sujet. Je pense, dans ces conditions, que l'on pourrait faire une clause spéciale pour le cinéma.

M. Homburg, *rapporteur général.* — C'est pourquoi dans notre texte nous parlons seulement des œuvres littéraires et artistiques.

M. Tirman (France). — On pourrait ajouter « scientifiques ».

M. Homburg, *rapporteur général.* — Alors nous dirions :

« Les auteurs d'œuvres littéraires, artistiques ou scientifiques

« jouissent du droit exclusif d'autoriser l'émission et la communication... etc...

L'Association parle de « communication ». Nous, nous avons mis « émission et communication ». La communication suppose un destinataire ; l'émission laisse supposer qu'il n'y en a pas. C'est en somme la distinction entre la radiodiffusion et la radiocommunication.

M. le Président. — Malgré toute notre bonne volonté de concilier les deux textes, il semble que nous n'y arrivions pas exactement.

M. Homburg, *rapporteur général*. — Mais si !

M. le Président. — Non, si on enlève le cinéma.

M. Alpi Jean-Bernard. — Il n'y a qu'à diviser le texte en deux parties.

M. le Président. — Ou on accepte le texte de l'association internationale ou on ne l'accepte pas, mais on ne peut l'accepter ou le refuser qu'en entier. C'est un bloc auquel nous ne pouvons pas toucher.

M. Homburg, *rapporteur général*. — Notre but serait d'arriver à une motion commune pour le prochain congrès de Rome.

M. Timmory. — Nous sommes tous d'accord sur le fond ?

M. Homburg, *rapporteur général*. — Non, il y a la question du cinéma.

M. Timmory (France). — Mais, est-ce qu'au lieu d'employer tous ces mots : œuvre littéraire, artistique, etc... on ne pourrait pas employer un terme plus général et dire : œuvre de la pensée ?

M. Homburg, *rapporteur général*. — Œuvre intellectuelle.

M. Timmory. — Si vous voulez.

M. Tirman (France). — J'aimerais mieux l'expression : œuvre de la pensée.

M. Youpis (Grèce). — En mettant : « œuvres littéraires, artistiques ou scientifiques » l'on précise. Je crois qu'il vaut mieux préciser, parce que si nous mettons « œuvres de la pensée » ou « œuvres intellectuelles » on se demandera si le cinéma est compris ou non. Il est préférable de préciser.

En ce qui concerne le cinéma, nous ne sommes pas la conférence de Washington ! nous exprimons notre sentiment. Que le cinéma soit admis ou exclus par les nations réunies, y compris l'Amérique, nous n'avons rien à y voir ; ce sera l'œuvre de la conférence ; si celle-ci n'admet pas le cinéma, elle n'aura qu'à le biffer.

M. Timmory (France). — Je crois, contrairement à ce que vient de dire M. le Délégué de la Grèce, qu'il n'y a pas lieu de trop préciser ; il faut exprimer une pensée générale, pour que personne ne soit exclu. Si vous précisez : œuvres littéraires, artistiques ou scientifiques, vous pouvez exclure telle ou telle chose à laquelle nous ne pensons pas actuellement.

J'ai eu l'occasion de discuter, il y a très peu de temps, avec les représentants de la Radiophonie, pour traiter, et ils nous ont demandé : sur quoi voulez-vous percevoir ? Nous avons répondu : sur les œuvres de la pensée. Et il n'y a pas eu de doute. Un fait divers n'est pas une œuvre de la pensée ; au contraire, la leçon d'un professeur, un conte, une nouvelle, sont des œuvres de la pensée.

M. LE PRÉSIDENT. — En réalité, il n'y a pas opposition entre la conception de M. Youpis est celle de M. Timmory ; seulement, M. Youpis envisage le texte comme une loi et M. Timmory comme un vœu. Or, ce que nous voulons, je crois, c'est exprimer des vœux.

M. TIRMAN (France). — Le vœu a été adopté ; seulement, les auteurs de ce texte ont voulu apporter une précision et je me demande si le texte est assez précis pour comprendre, par exemple, l'orateur ? Un orateur fait-il une œuvre ?

M. TIMMORY. — Sûrement !

M. TIRMAN. — On ne peut pas dire que l'orateur est l'auteur d'une œuvre !

M. TIMMORY. — Pardon ! c'est une œuvre oratoire.

M. TIRMAN. — Il est impossible de dire que c'est une œuvre !

M. TIMMORY. — Ce n'est pas parce qu'elle a été imprimée qu'une plaidoirie constitue une œuvre : c'est parce qu'elle a été prononcée.

M. DROUETS (France). — Elle est même une œuvre quand elle sort de la bouche de l'orateur ; après, c'est une reproduction.

M. HOMBURG, *rapporteur général.* — Une œuvre intellectuelle, n'est pas forcément une œuvre littéraire.

M. DROUETS (France). — L'expression « œuvre de la pensée » a l'inconvénient de ne figurer nulle part. Il est dit dans la convention de Berne : toute reproduction du domaine littéraire, artistique ou scientifique, quelles que soient les modes et les formes de reproduction. »

M. LE PRÉSIDENT. — Alors, il est préférable de ne pas innover.

M. TIMMORY. — On peut faire des retouches à la convention de Berne.

M. TIRMAN. — Non, la convention de Berne est définitive et elle ne donne pas de précisions.

Comme le disait très justement M. Pittard, un texte de loi qui existe a derrière lui toute une jurisprudence.

M. DROUETS. — La chose essentielle, c'est que l'émission radioélectrique constitue une reproduction.

M. le Président. — En somme, actuellement nous sommes en face d'une demande de modification au texte proposé et nous n'avons qu'un seul texte sous les yeux :

« Les auteurs d'œuvres littéraires ou artistiques ou scientifiques... »

M. Tirman (France). — L'avantage du texte de l'Association Internationale est de reproduire le texte de la convention.

M. Homburg, *rapporteur général.* — Il y a alors la question du cinéma qui se pose.

M. Drouets (France). — Pourquoi ne mettez-vous pas : la transmission des images, au lieu de parler simplement du cinéma ?

M. Homburg, *rapporteur général.* — On pourrait dire alors :

« Les auteurs d'une production du domaine littéraire, artistique, « cinématographique ou scientifique, jouissent du droit exclusif d'en « autoriser la communication ou la diffusion par la télégraphie ou la « téléphonie, avec ou sans fil, ou par tout autre moyen analogue ser- « vant à transmettre les sons et les images ».

M. le Président. — Cette disposition remplacerait le paragraphe 2 de l'article I.

M. Homburg, *rapporteur général.* — Le premier paragraphe de l'article Ier reste comme principe général et ensuite vient l'article que je viens de lire.

M. le Président. — Personne ne demande plus la parole ?

Je mets aux voix la rédaction qui vient de vous être lue. (*Adopté*).

Reste la question de savoir si l'émission radioélectrique constitue dans tous les cas une exécution publique, si, par le fait même qu'une émission radioélectrique est faite, elle devient publique ; autrement dit, il n'y aurait pas d'émission radioélectrique qui ne soit publique.

M. Drouets (France). — C'est une reproduction publique.

M. Timmory (France). — J'entend mal une émission secrète.

M. Homburg, *rapporteur général.* — Nous n'avons pas adopté ce texte complémentaire, parce que nous disons, dans notre texte : « par tout mode d'exécution ou de transmission ».

M. Drouets (France). — En réalité, les deux textes disent la même chose, mais, dans l'un, on a cru devoir préciser, parce que, comme vous le disiez tout à l'heure, on pouvait attendre qu'une communication s'adresse à un destinataire déterminé, alors que l'émission n'a pas de destinataire.

Pour ma part, je me rallierais assez volontiers à votre texte ; j'estime même que le mot « émission » est inutile, étant renfermé dans le mot communication.

M. Homburg, *rapporteur général.* — Etes-vous d'avis de dire :

« Les auteurs... jouissent du droit exclusif d'en autoriser la com« munication publique » en précisant dans un autre paragraphe que l'émission radioélectrique constitue la communication publique ; ou bien de le dire de façon plus synthétique, comme nous l'avons fait, dans le texte qui vous est proposé :

«... jouissent du droit exclusif d'autoriser l'émission et la communication de leurs œuvres... »

M. PITTARD (Suisse). — Il faut faire une différence entre la transmission et la diffusion. Une émission peut être une émission en vue de transmission ou en vue de diffusion. C'est tout à fait différent.

M. DROUETS (France). — Le mot « communication » comprend tout, même l'émission. C'est pourquoi le Bureau International de Berne a supprimé le mot « émission ».

M. TIRMAN (France). — Mettons : « la communication ou la diffusion ».

M. LE PRÉSIDENT. — Quelqu'un demande-t-il encore la parole?...

Personne ne demandant plus la parole, je vous propose ceci : on supprimerait dans le paragraphe 2 le mot « émission » et on compléterait le texte ensuite de la façon suivante :

«... d'autoriser la communication ou la diffusion. » (*Adopté*).

Nous en avons ainsi terminé avec l'article 1er.

M. TIRMAN (France). — Par conséquent, la situation est celle-ci. En premier lieu, nous adoptons une résolution qui est le paragraphe Ier de l'article Ier. Comme conséquence, nous exprimons le vœu que, dans la convention de Berne, qui deviendra la convention de Rome, soit insérée une disposition qui serait l'article 11 *bis*.

Ensuite, reprenant une dernière suggestion, nous attirons l'attention de la conférence de Washington sur l'intérêt qu'il y aurait à faire allusion à cette disposition et à obtenir le consentement de tous les Etats, de même ceux qui n'ont pas adhéré à la convention de Berne.

M. LE PRÉSIDENT. — Je mets donc aux voix l'ensemble de l'article Ier sur la propriété intellectuelle, littéraire et artistique dont lecture vous a été donnée.

(*Adopté à l'unanimité, moins l'abstention de la Délégation de l'*U. R. S. S.)

(*La séance est levée à 17 heures 30*).

CINQUIÈME SÉANCE

Mercredi 1er juin 1927 (matinée)

Propriété littéraire et artistique

La séance est ouverte à 9 h. 30 sous la présidence de M. de Rabours.

M. le Président. — Messieurs, nous reprenons la suite de nos travaux.

L'ordre du jour appelle l'examen des dispositions concernant la perception et la répartition des droits.

Je donne la parole à M. Homburg, rapporteur général.

M. Homburg, *rapporteur général.* — Messieurs, nous avons posé un principe général qui est l'application à la radiophonie des règles posées par la Convention internationale de Berne en matière de droits d'auteur.

Le Comité vous invite maintenant à examiner des questions qui ne sont que les applications du principe général.

Il s'agit de savoir, d'une part, comment en radiophonie seront perçus les droits d'auteur et, d'autre part, comment ils devront être répartis.

Question de la perception des droits : Deux questions se posent : Par qui ces droits seraient-ils dus? Quel pourrait être leur montant ?

En ce qui concerne la première question : *par qui les droits seraient-ils dus* ? on est obligé d'envisager la question de la perception à un double point de vue : au point de vue de l'émission et au point de vue de la réception.

Au point de vue de la réception, la question est assez simple : le récepteur reçoit le concert, l'information ; doit-il payer dans tous les cas ?

Il faut distinguer, je crois, entre la réception par le simple particulier, qui ne tire aucun bénéfice du concert ou de l'information reçue — ce sera évidemment le cas le plus général, celui qui intéressera la masse des auditeurs de radiophonie — et les réceptions par des postes dans des lieux publics : cinémas, hôtels, cafés, etc... qui, grâce aux concerts de radiophonie, chercheront à attirer ou à retenir la clientèle.

Notre Comité a estimé que, quant à présent — et j'insiste sur les mots : quant à présent — seuls, ceux qui tiraient un bénéfice direct de l'émission devaient payer.

En ce qui concerne les particuliers, le Comité, en effet, a estimé qu'en raison des difficultés pratiques d'établir des redevances justes et équitables, même forfaitairement, d'assurer un contrôle effectif et de prévoir un système de perception dont les frais d'établissement ne soient pas supérieurs aux recettes, il était impossible, en l'état actuel de la radiophonie, d'établir une perception sur les particuliers.

Nous ne visons donc que le cas des propriétaires ou exploitants de postes de réception dans un lieu public, c'est-à-dire cinémas, cafés, hôtels, etc... :

« Les droits sont dus par tous propriétaires ou exploitants de postes « de réception dans un lieu public ».

Désirez-vous discuter d'abord cette première question, ou préférez-vous que je poursuive mon exposé et que je termine mon très court rapport ? pour envisager la perception des droits au moment de la transmission ?

M. Tirman (France). — Je crois qu'il vaut mieux sérier les questions.

M. le Président. — Je pose la question au Congrès : désirez vous que nous discutions d'abord la question qui vient d'être exposée par M. Homburg ?

M. Konic (Pologne). — Je crois que cette question, qui a une importance en France, n'en a pas dans d'autres pays.

En Pologne, et en Suisse aussi, je crois, la situation est la suivante.

L'émetteur paie tous les droits ; c'est lui qui s'arrange avec les auteurs et les artistes, mais il paie tous les droits. Puis, il a des abonnés qui paient une taxe. Toute la question des droits se pose entre l'émetteur et les intéressés. Il ne saurait s'agir de faire payer les droits par les particuliers. Tout au plus pourrait-on dire que la taxe payée par les établissements publics : cafés, hôtels, cinémas, etc... devrait être plus élevée, mais dans ce régime, les particuliers ne paient rien en sus de la taxe.

Je le répète : cette situation existe dans beaucoup de pays : en

Suisse, je crois, et dans d'autres nations, en Allemagne, notamment. Il importe de dire si cette situation doit être modifiée, pour devenir ce qu'elle est en France, ou si elle doit rester ce qu'elle est dans les pays que j'indique.

M. LE PRÉSIDENT. — La situation exposée par M. Konic revient à ceci : l'Etat qui perçoit les taxes en restitue une part aux entreprises de radiophonie ; celles-ci paient aux auteurs des droits variant suivant les circonstances.

Voilà le système bien exposé : intervention de l'Etat et liberté d'autre part.

M. HOMBURG, *rapporteur général*. — Je crois que la question posée par M. Konic dépasse la question de savoir si la perception des droits doit être assurée par l'Etat ou des particuliers ou des compagnies. En somme, vous posez le principe que les droits ne seront jamais perçus qu'à l'émission et jamais à la réception ?

M. KONIC (Pologne). — C'est cela.

M. HOMBURG, *rapporteur général*. — Par conséquent, vous faites une proposition absolument distincte de celle du Comité, puisque nous proposons une double perception : une perception sur les récepteurs publics et une perception au moment de la radiodiffusion des œuvres par le poste émetteur.

M. KONIC. — Oui, vous envisagez l'état de choses tel qu'il existe actuellement en France.

M. HOMBURG, *rapporteur général*. — Pas du tout !

M. KONIC (Pologne). — En France, vous avez la liberté entière, mais dans les autres pays cette liberté n'existe pas. — Ainsi que le disait le Président, c'est l'Etat — ou la Compagnie qui a le monopole, — qui touche la taxe. On lui paie tous les droits exigibles et c'est cette compagnie qui s'arrange avec les auteurs ou les artistes.

Je trouve qu'il y a là une question qui devrait être tranchée. Vous dites que c'est une question de principe, je le sais, et c'est pourquoi je la pose. Elle est liée étroitement à la question soulevée par le Comité et je crois qu'il serait utile que le Congrès se prononçât.

M. ALFI JEAN-BERNARD (France). — M. le Rapporteur Général vient de s'exprimer de la façon la plus claire.

Il nous a dit : il y a deux sortes de réceptions, celles qui sont prises par le particulier, dans son domicile personnel. Ces réceptions ne regardent nullement les droits d'auteur. Mais il y a une deuxième catégorie de réceptions : celles qui sont visées par M. le Rapporteur Général, celles qui sont faites dans des établissements publics où tout le monde peut bénéficier, profiter de ces émissions. En somme, il s'agit alors d'un nouveau spectacle qui se prolonge dans cette salle publique.

Ce que demande M. le Rapporteur Général — et je suis sûr que M. Timmory s'associe à ce désir — c'est que ces établissements paient une taxe supplémentaire.

Vous avez des établissements qui se servent d'appareils musicaux qui paient une taxe, parce qu'il y a exécution publique; de même, le restaurant, le dancing qui se sert d'un poste de T.S.F. pour divertir ses clients pour les attirer chez lui, doit payer aux auteurs la juste rémunération de l'emploi de leurs œuvres.

Il y a là deux choses bien distinctes. Ce n'est pas un contrat qui intervient entre l'Etat et la Compagnie émettrice ; c'est un contrat entre la société chargée de percevoir les droits d'auteur et les établissements récepteurs.

Il y a donc deux taxes : une taxe à l'émission, pour ceux qui font usage d'une marchandise qui appartient à autrui, à l'auteur, en l'espèce, qui a la libre disposition de ses œuvres et ensuite une redevance qui doit être payée par les directeurs de ces établissements, pour donner des exécutions publiques à leurs auditeurs.

Ne dites pas qu'en Allemagne on ne paie pas, car si on ne payait pas, vous arriveriez à dire que la T.S.F. ne produit pas tous ses effets en matière d'exécutions publiques. Vous pouvez demain remplacer un orchestre humain par T.S.F. ; vous avez des machines qui peuvent fonctionner avec la T.S.F. et alors on supprimerait l'orchestre humain payant des droits d'auteurs pour la remplacer par le T. S. F. qui ne paierait pas de droits.

M. Olivet (Suisse). — Je ne suis pas d'accord avec M. Jean Bernard, car il ne faut pas confondre le cafetier qui achètera un appareil de T. S. F. pour distraire ses clients, qui pourra aussi bien acheter un piano ou un gramophone, avec un entrepreneur de spectacles. Il y a des cas où l'on pourrait envisager la perception d'un droit, lors de réunions qui seraient faites spécialement pour écouter la T. S. F., avec entrée payante ; mais on ne peut pas percevoir des droits chez une personne qui a un appareil de T. S. F. chez elle.

M. Konic (Pologne). — Je crois que je n'ai pas été bien compris des orateurs.

Je répète que chez nous, comme en Suisse, comme ailleurs, celui qui perçoit les droits, c'est la compagnie qui a un monopole accordé par l'Etat et c'est cette compagnie qui leur paie leurs droits.

J'admets que l'auteur ou l'artiste devrait demander davantage lorsqu'il sagit d'un établissement public, d'un dancing : c'est entendu.

Mais je ne peux pas comprendre, dans l'état de choses actuel comment un particulier pourrait encore payer un droit séparé à l'auteur ; je crois que c'est impossible. Je voudrais que le Congrès se prononce sur cette question de principe, savoir si on doit avoir la liberté entière comme en France ou non. C'est une question qui se lie étroitement à celle des droits dont on parle actuellement. Je répète qu'il y a là une question sur laquelle, à mon avis, le Congrès devrait se prononcât parce que c'est une question qui est essentielle, primordiale, très grave, pour le domaine de la radiophonie.

M. le Président. — C'est le principe de l'intervention de l'Etat.

M. Tiemory (France). — J'estime que toutes ces questions sont mal posées. L'un des orateurs qui m'ont précédé a déclaré que s'il y avait une réunion de gens qui ne payaient pas de droit d'entrée, on ne devait pas payer de droits d'auteur ; mais d'après la loi française, même lorsqu'une fête a lieu avec entrées gratuites, on doit payer les droits d'auteur.

Je m'étonne de la façon dont on comprend les droits d'auteur et je suis obligé de me répéter. On peut assimiler l'œuvre littéraire ou artistique à une sorte de marchandise ; elle se vend de gré à gré. De même que nous ne demandons pas à l'Etat de fixer le prix auquel le tapissier vendra ses meubles, le limonadier ses consommations, il est tout naturel, quand nous offrons nos œuvres soit pour l'édition, soit pour l'exécution que nous, ou les sociétés qui nous représentent, nous soyons libres de fixer notre prix. Si ce prix est trop élevé, on ne prendra pas notre œuvre, mais nous sommes libres de fixer notre rémunération.

Il y a quelques jours nous avons eu une entrevue avec les grands entrepreneurs de radiodiffusion. Nous leur avons dit, parce qu'ils insistaient pour avoir notre barème : nous vous demandons un droit qui nous paraît à la fois le plus équitable et le plus commode à répartir entre les personnes qui appartiennent à notre société. Nous ne sommes pas tenus de vous donner un barème. Est-ce que vous, qui avez un poste d'émission, vous m'avez demandé la permission de faire payer tel ou tel prix vos émissions ? Est-ce que, vous, journal, vous m'avez demandé la permission pour augmenter le prix de votre journal ? Votre journal coûte tant : si nous trouvons que c'est trop cher, nous ne l'achèterons pas. Vous qui avez un poste d'émissions et un intérêt dans une fabrication d'appareils, est-ce que nous vous demandons le barème de vos appareils ? Non. Alors, de quel droit venez-vous nous demander d'après quelles règles nous fixons le prix de notre marchandise ?

M. LE PRÉSIDENT. — J'attire votre attention sur ce point : une loi fédérale sur la propriété littéraire a été votée récemment, et, même pour les productions théâtrales, il a été décidé que ces productions ne pouvaient se faire qu'après une entente de gré à gré entre le directeur de théâtre et l'auteur. Par conséquent, la tendance ici, en Suisse, est que les droits des auteurs soient protégés le plus largement possible.

M. Konic, lorsqu'il parle de cette procédure de la perception d'un impôt à l'émission n'entend pas dire qu'il n'y a pas lieu de rechercher aussi à la réception une taxe spéciale. Il dit simplement que c'est une facilité qui est donnée et que l'auteur est protégé, même lorsque son œuvre est diffusée chez les particuliers. Il semble que cette question est de nature à intéresser les auteurs. En somme, le particulier paie également, indirectement, un droit aux auteurs, tandis que dans le système de la liberté absolue, le particulier ne paie pas. C'est pourquoi je suis quelque peu surpris de l'opposition du représentant des Auteurs à cette idée de la perception à l'émission par le moyen de l'impôt qui permet cependant de percevoir aussi à la réception quand un concert est donné dans un lieu public.

M. KONIC (Pologne). — Certainement.

M. LE PRÉSIDENT. — Je tenais à expliquer la situation, pour que l'on ne croie pas que M. Konic soit opposé à la perception des droits d'auteur.

M. Konic (Pologne). — Jamais de la vie !

M. HOMBURG, *rapporteur général.* — La question, et telle qu'elle est posée par M. Konic, revient à savoir si nous devons admettre la double perception à l'émission et à la réception dans un lieu public ou chez le particulier.

Pour justifier la perception au poste de réception public, il faut admettre, évidemment, que lorsque le concert est reçu par un cafetier, dans le hall d'un hôtel et diffusé dans cette salle publique, il y a, en réalité, une nouvelle émission, une nouvelle audition publique qui entraîne, automatiquement, la perception des droits. La première émission est publique, par le fait même qu'elle est diffusée dans l'air et la seconde l'est également par le fait qu'elle est diffusée dans une salle publique ou retransmise dans une salle publique. Chaque fois qu'il y aura une audition publique, il y aura une perception.

Monsieur le bâtonnier Konic estime qu'il n'y a qu'une seule perception, parce que la société d'émission fait son affaire de la perception et de la répartition des droits. Ceci aurait un avantage, parce que c'est un organisme unique de perception et c'est exact parce que la radiodiffusion est toujours publique. Mais ce même concert, capté et donné dans une salle publique, devient une nouvelle émission publique et chaque fois qu'il y a une émission publique, il y a perception des droits.

Par conséquent, la seule perception à l'émission ne semble pas couvrir les droits des auteurs et il semble qu'elle doive être complétée par une perception à la réception lorsque celle-ci est publique.

M. Olivet. — Je répondrai à M. Homburg, puisqu'on a parlé de vente de marchandise, que la marchandise est vendue au moment de sa mise dans l'air, par le droit payé à l'émission. Le récepteur — qu'il soit un ou qu'ils soient dix — fait de cette marchandise ce qu'il veut : il l'a payée en même temps que sa concession.

M. Homburg, *rapporteur général*. — Il l'a payé pour son public d'abonnés à lui ou pour les clients de l'hôtel ou du café qui se sert de cette émission.

M. Olivet (Suisse). — Vous avez des clients chez le particulier ?

M. Homburg, *rapporteur général*. — Pour les particuliers, nous avons dit que nous réservions la question parce que, tant que les auteurs ne justifient pas qu'on a tiré un bénéfice de leurs œuvres, nous estimons que nous ne sommes pas en droit de demander une perception. Il faut qu'il y ait publicité, sinon il n'y a pas perception de droit.

M. Tirman (France). — Je suis un peu troublé de la discussion qui s'engage. Je croyais, en effet, qu'hier nous étions arrivés à un accord sur des principes directeurs, or les observations qui s'échangent ce matin remettent tous ces principes en cause.

Qu'avons-nous voulu hier ? Je crois que nous étions tous d'accord sur ce point : ce n'est pas créer un droit nouveau, ce n'est pas transporter dans le domaine international je ne sais quelle législation française ou autre, mais appliquer dans un plan international une convention internationale qui a déjà reçu la sanction des Etats, hier à Berne, aujourd'hui à Berlin, qui la recevra demain à Rome. Cette convention demande que les auteurs soient protégés partout, qu'il soit entendu que l'on ne peut pas transporter leurs œuvres par un moyen quelconque, sans leur autorisation.

Nous avons entendu les représentants de l'U. R. S. S. développer une proposition qui irait à l'encontre de cette thèse, attendu qu'elle ne tend à rien moins qu'à déclarer qu'une fois qu'une œuvre quelconque aurait été éditée, la radiophonie pourrait s'en emparer. Ceci est contraire au principe juridique internationalement admis.

Nous avons entendu, d'autre part — je m'excuse de faire cette justice distributive qui aura peut-être pour résultat de mécontenter tout le monde — nous avons entendu dire que quand une audition a lieu dans un lieu public, dans un but de lucre direct ou indirect, les auteurs n'auraient droit à rien. Je demande s'il y a un exemple quelconque, dans tous les pays où la convention de Berne est appliquée, que l'on puisse jouer des œuvres d'un auteur sans payer à cet auteur la juste redevance qui lui revient ?

Il ne s'agit pas, en ce moment d'appliquer des principes français ou des idées françaises ; il s'agit d'appliquer des idées internationales dans un milieu international.

Je demande que l'on me réponde à cette question précise : y a-t-il un exemple, dans les pays où la convention de Berne est appliquée, d'auditions publiques qui ne donnent pas lieu au paiement de droits au profit de l'auteur ?

M. LE PRÉSIDENT. — Je vous remercie de poser cette question ; elle est nette et ceci va permettre à la discussion de s'orienter vers des vérités évidentes.

M. KONIC (Pologne). — M. le Conseiller Tirman nous a présentés comme des adversaires des droits d'auteur : jamais de la vie ! Je suis absolument partisan des droits d'auteur. Je crois que l'auteur a le droit de toucher ce qui lui revient légitimement. Je suis certainement d'accord, aussi, avec M. le Conseiller Tirman, quand il veut appliquer des principes internationaux. C'est un point qui ne saurait soulever de discussion.

Mais de quoi s'agit-il ? Je crois que toute la question se ramène à ceci : comment doit-on percevoir ces droits ? Et là, alors, je le répète, il n'y a rien qui aille à l'encontre des principes internationaux. Chez nous, on paie ces droits à la Compagnie qui détient le monopole ; de sorte que cette Compagnie est obligée de payer à l'auteur les droits qui lui sont incontestablement dus. Evidemment, elle doit percevoir une taxe plus forte quand il s'agit d'établissements publics que quand il s'agit de simples particuliers.

Voilà uniquement de quoi il s'agit. Je répète que c'est une question qui touche à la question de principe : ou il faut appliquer le principe de la liberté complète, ou il faut appliquer celui de l'intervention soit de l'Etat, soit d'une compagnie dotée du monopole. Mais je n'ai jamais dit que l'auteur ne devait pas être payé ! Je suis tout à fait opposé à cette formule. L'auteur doit recevoir ce qui lui est dû. C'est un droit primordial.

Par conséquent je crois que nous sommes d'accord sur le principe : ce qui est en discussion, c'est le mode d'application.

M. LE PRÉSIDENT. — La question sur ce terrain se pose ainsi : est-ce que les simples particuliers doivent payer ?

Pour M. Konic, d'après la procédure en vigueur en Suisse et en Pologne, le simple particulier paie par une taxe. Dans le texte qui nous est soumis, nous ne nous occupons que de la façon de percevoir dans les lieux publics. Il ne semble pas y avoir opposition entre les questions. Le particulier doit-il payer ? S'il doit payer, comment peut-il payer ? Comment le faire payer ? On peut le faire payer par l'intervention de l'Etat. C'est la thèse de M. Konic. Evidemment, les questions me paraissent liées. Le propriétaire d'un appareil installé dans un lieu public doit payer une taxe supplémentaire, outre la taxe ordinaire qu'il paie à l'Etat.

M. KONIC (Pologne). — Nous sommes d'accord.

M. OLIVET (Suisse). — Je réponds à la question posée tout à l'heure par M. Tirman : en Suisse, vous avez l'exemple des gramophones. Le cafetier qui a un gramophone ne paie pas de taxe ; cela lui permet de faire de la musique, de reproduire des œuvres de musiciens et il ne paie pas de taxe.

M. ALPI JEAN-BERNARD (France). — En Suisse, il y a une législation spéciale; il y a la licence.

M. DE LAPRADELLE (France). — La question de la taxe d'Etat ne préjuge pas celle de savoir si les auteurs doivent toucher un droit sur les postes privés de réception.

Un tel droit serait une atteinte à la liberté individuelle. Je ne suis plus d'accord avec M. le Rapporteur Général lorsqu'il dit que plus tard on pourra percevoir chez les particuliers un droit d'auteur.

M. HOMBURG, *rapporteur général.* — J'ai indiqué les raisons pour lesquelles nous laissions cette question de côté. Nous n'envisageons actuellement que les auditions publiques dans les lieux publics.

M. DE LAPRADELLE. — Non seulement c'est une question délicate, mais la poser est une atteinte à la liberté individuelle. En France, si le particulier récepteur paie une taxe dans le système du décret du 28 décembre 1926, c'est une simple taxe de statistique, et il ne saurait en être autrement.

M. HOMBURG, *rapporteur général.* — Il ne s'agit pas ici de taxes fiscales, d'impôts directs ou indirects ; il s'agit de savoir comment les auteurs toucheront leurs droits.

M. DE LAPRADELLE. — Ils ne peuvent pas toucher de droits, du moment que la réception est privée.

M. HOMBURG, *rapporteur général.* — Il ne s'agit pas de cela ; il s'agit des auditions publiques.

M. LE PRÉSIDENT. — Nous devons écarter de nos débats tout ce qui concerne la taxe payée indirectement par les particuliers sur leurs postes. Nous laissons de côté cette question, si tel est votre désir, mais je comprends qu'elle ait été posée, parce qu'elle a reçu sa solution par l'intervention de l'Etat qui perçoit la taxe.

M. DE LAPRADELLE. — En France, c'est une simple taxe fiscale. L'Etat peut imposer les postes de T. S. F. comme il impose les pianos.

M. LE PRÉSIDENT. — En Suisse, pas du tout ! L'Etat restitue les 2/3 de cette taxe qui servent à payer les droits d'auteur. N'en parlons plus, puisque la question ne peut être posée, étant donné la diversité des législations. Ramenons le débat à l'examen de la question posée par l'article 2 qui vous est soumis.

M. TRUTIE DE VARREUX (France). — Je m'excuse de prendre ici la parole, n'étant pas un technicien, mais qu'il soit permis à un simple usager de la T. S. F. de donner son avis.

Vous parlez d'une taxe — c'est presque un impôt — payé à la réception ; vous ouvrez ainsi, si vous admettez ce principe, la voie, dans chaque État, à une idée qui n'a pas encore vu le jour dans tous les pays. En France, par exemple, les usagers ne paient aucune taxe. Si le droit des auteurs est parfaitement respectable — et nous le reconnaissons de façon absolue — il me semble que ce droit ne peut être perçu qu'à l'émission. C'est aux auteurs, comme le disait parfaitement tout à l'heure leur représentant, de demander ce qui doit leur revenir ; mais une fois que l'auteur a cédé son droit d'auteur à un poste émetteur, il semble difficile que l'on puisse réclamer un nouveau droit à un poste récepteur quel qu'il soit. C'est au poste émetteur à établir ses conditions avec les établissements publics et payants pour récupérer une partie des droits réclamés par les auteurs. Mais de même qu'un artiste qui a vendu un tableau vend ses droits : on peut lancer ce tableau dans le public, on peut l'exposer, même en faisant payer un droit d'entrée sans que l'auteur touche un sou, de même dans l'espèce qui nous occupe l'auteur qui a vendu ses droits à un poste émetteur ne doit plus avoir aucun droit à toucher.

Je dis ce qui existe ; nous ne créons pas un droit international, nous cherchons à appliquer les usages internationaux à une nouvelle science : la T.S.F. ; il faut au moins faire concorder les choses ; or, je le répète, tout acheteur d'un tableau peut l'exposer dans un musée, faire payer un droit à ceux qui entrent pour le voir, sans que l'auteur touche rien, parce qu'il a vendu ses droits.

M. TIMMORY (France). — C'est une iniquité contre laquelle les artistes s'organisent pour protester et lutter. J'estime que nous ne devons pas prendre modèle sur une iniquité.

M. Trutie de Varreux. — C'est à l'auteur de prévoir quand il traite. Enfin, j'ai voulu simplement émettre une idée qui est celle d'un simple usager.

M. Homburg, *rapporteur général.* — Je me demande s'il n'y a pas une confusion dans cette discussion. Peu importe le mode de perception ; peu importe que la perception soit faite par le poste d'émission ou par l'intermédiaire de l'Etat : le mode de perception sera réglé par la législation interne de chaque Etat. Ce que nous demandons c'est que le principe de la perception du droit soit établi dès qu'il y a audition dans un lieu public. C'est le principe que nous vous demandons de consacrer, sans entrer dans la question des modes d'application qui, eux, seront particuliers à chaque Etat.

M. Olivet. — Nous sommes tout à fait d'accord avec M. Homburg. Il n'y a qu'à dire :

« Les droits sont dus par tous propriétaires ou exploitants de postes « de réception. »

M. Homburg, *rapporteur général.* — Nous voulons ajouter : « dans un lieu public ».

M. Olivet (Suisse). — Alors, là, vous tranchez un point d'application. Pourquoi dire « public » plutôt que « privé » ?

M. Homburg, *rapporteur général.* — Parce que si vous n'ajoutez pas les mots : « dans un lieu public » vous ferez payer les particuliers. Or, nous excluons actuellement les particuliers.

M. le Président. — Nous avons voulu exclure les particuliers, mais je vois que beaucoup de membres auraient voulu que même les particuliers payent.

M. Timmory (France). — Nous ne demandons pas à exercer un droit inquisitorial ; nous ne sommes pas une société d'auteurs pour aller faire une enquête chez les détenteurs de postes de réception. Nous demandons que dans un endroit public, comme cela existe, il y ait des droits. Nous ne demandons pas, comme cela existe dans certains États, qu'une taxe soit perçue : nous ne sommes pas l'Etat.

M. le Président. — Je vois que la divergence continue, parce que les législations ne sont pas les mêmes. Chez nous, ce droit inquisitorial existe.

M. Timmory (France). — Pas pour les auteurs !

M. le Président. — Il existe une entente entre eux et la société de radiophonie.

Mais revenons à la question. Nous déterminons le statut du récepteur et nous n'entendons pas parler du statut du poste émetteur. Nous pourrions peut-être nous en tenir à cette discussion.

M. Olivet fait remarquer qu'on élargit la formule en supprimant les mots « dans un lieu public » et il voudrait que l'on supprimât ces mots.

M. OLIVET (Suisse). — Je reconnais que des droits sont dûs, mais pas dans la forme proposée.

M. LE PRÉSIDENT. — Comme il s'agit du poste récepteur, la question ne peut concerner que les lieux publics parce qu'on ne veut pas trancher la question pour les locaux privés.

M. KUCERA (Tchécoslovaquie). — Je me rallie à l'opinion de M. le Délégué de la Pologne : c'est pourquoi je propose de remplacer le texte de l'article ·r le texte suivant :

« Les droits sont dus par tous exploitants de postes émetteurs, « pour toute radiodiffusion d'une œuvre intellectuelle, littéraire ou « artistique. »

M. HOMBURG, *rapporteur général.* — Nous sommes en ce moment sur la question de la réception et non de l'émission.

M. KUCERA (Tchécoslovaquie). — C'est la même chose.

M. HOMBURG, *rapporteur général.* — Pas du tout !

M. LE PRESIDENT. — Il semble, en effet, difficile, à première vue, de disjoindre les deux questions ; elles paraissent liées dans une certaine mesure, puisqu'une partie des droits est due par le poste émetteur et l'autre par l'établissement public qui reçoit. On ne peut pas, semble-t-il, les disjoindre facilement. Mais enfin nous avons posé la première question et il semble que cette modification se rattache plutôt à la deuxième.

M. TIRMAN (France). — Votre observation est parfaitement juste. Etant donné surtout les observations présentées par M. Konic, il paraît difficile de séparer les deux questions.

Il me semble qu'il y a deux manières d'envisager le problème ; ou bien nous envisageons la réception et nous étudions un mode de perception suivant le principe appliqué en toute matière : perception des droits en lieux publics ou payants ; ou bien, nous prenons alors le point d'émission et nous envisageons la perception à l'émission suivant un contrat plus ou moins forfaitaire passé avec les auteurs ; ensuite le poste d'émission se débrouillera comme il pourra avec le poste de réception. Je n'apprécie pas, mais, étant donné les doctrines qui viennent d'être exposées, je crois que l'on peut dire, schématiquement : ou il y a perception, à la réception, ou il y a perception à l'émission.

Il y en a qui prétendent qu'il doit y avoir perception aux deux endroits, je fais toutes réserves à cet égard.

M. Drouets (France). — En réalité, en disant que les droits étaient dus, en radiophonie comme dans tous les cas de propriété littéraire ou artistique, on a assimilé l'émission à un spectacle. Or, qui est-ce qui doit payer le droit d'auteur en matière de spectacle ? C'est l'entrepreneur de spectacle. Quel est l'entrepreneur en matière de radio-émission ? C'est l'émetteur incontestablement.

Par conséquent, il n'y a pas de doute : c'est l'émetteur qui doit rémunérer l'artiste. Comment trouver le moyen de faire verser cette rémunération ? C'est une autre question ; mais le principe, c'est que l'émetteur la doit.

Maintenant — et j'en viens à la question des lieux publics — lorsque des gens qui viennent entendre dans une salle, un café ou ailleurs une émission, qu'est en réalité le cafetier, le tenancier du bal, sinon un sous-entrepreneur de spectacle ? Le sous-entrepreneur, comme l'entrepreneur, doit payer également à l'auteur. Voilà toute la question.

M. Homburg, *rapporteur général.* — En principe, l'entrepreneur doit payer les droits, et l'entrepreneur, dans notre cas, c'est l'émetteur. En outre dans le cas du poste de réception placé dans un lieu public qui bénéficie de l'émission, nous avons un sous-entrepreneur qui, lui aussi, doit payer aux auteurs ? Reste alors la question de savoir comment les postes émetteurs trouveront l'argent nécessaire pour payer les droits. Dans certains pays, ce pourra être au moyen d'une taxe, comme on l'a dit ; dans d'autres, on pourra envisager des droits directs ou des droits indirects qui auront le même résultat. Mais je crois qu'il n'appartient pas à un congrès comme celui-ci d'entrer dans ces détails et de prévoir comment doivent être rémunérés les postes émetteurs afin qu'ils puissent payer les droits d'auteurs. Vous n'avez à envisager que le principe directeur : l'entrepreneur, c'est-à-dire l'émetteur doit payer, comme aussi tous ceux qui, par un moyen quelconque, profitant de l'émission, deviennent eux-mêmes des entrepreneurs de radiophonie.

Je crois que c'est ainsi qu'il faut poser la question.

M. Timmory (France). — Je me rallie entièrement à cette opinion.

M. le Président. — L'observation de M. Drouets montre que l'on ne peut diviser ces questions. Je crois qu'en insérant à l'alinéa 2 les mots : les postes émetteurs, on a peut-être interverti l'ordre logique des choses. La perception chez l'émetteur et la perception chez le récepteur sont étroitement liées.

Par conséquent, si vous êtes d'accord et pour mettre plus de clarté dans la discussion, nous accepterons de discuter ensemble ces deux questions.

M. HOMBURG, *rapporteur général*. — Il faudrait refondre les deux articles. Nous dirions alors :

« Les droits sont dus par tous postes émetteurs ou de relais pour toute « radiodiffusion d'œuvres intellectuelles, littéraires ou artistiques ; ils « sont dans ce cas proportionnels à la puissance du poste et à la den« sité de la population se trouvant dans le rayon moyen d'action de ce « poste.

« Les droits sont également dus par tous propriétaires ou exploitants « de postes de réception dans un lieu public. »

M. LE PRÉSIDENT. — Le texte présenté par M. Kucera dit ceci :

« Les droits sont dus par tous les exploitants de postes émetteurs « pour toute radiodiffusion d'œuvres intellectuelles, littéraires ou ar« tistiques. Ils sont dans ce cas proportionnels etc... »

En somme, il n'y a pas de différence entre le premier alinéa et la proposition de M. Kucera.

M. DROUETS. — Il n'y a qu'à compléter en disant :

« ... et par tous les exploitants des postes de réception dans un lieu « public. »

M. LE PRÉSIDENT. — Ceci pourrait faire croire, peut-être, qu'il n'y a qu'une perception ?

M. HOMBURG, *rapporteur général*. — Non, le droit peut être perçu en deux fois : le sous-entrepreneur est considéré comme un entrepreneur et il paie pour sa part, mais nous n'entrons pas dans les modalités d'application.

M. TIRMAN (France). — Évidemment : cela peut varier d'un pays à l'autre.

M. HOMBURG, *rapporteur général*. — Le texte serait donc celui-ci :

« Les droits sont dûs par tous exploitants de postes émetteurs ou de « relais pour toute radiodiffusion d'œuvres intellectuelles, littéraires, « artistiques ou scientifiques.

« Ils sont également dûs par tous les exploitants de postes de ré« ception dans un lieu public. »

M. LE PRÉSIDENT. — Les propositions de MM. Drouets et Konic se confondent ; il s'agit d'une ordonnance matérielle des textes pour donner un sens plus clair à l'article.

Quelqu'un demande-t-il la parole à ce sujet ?

M. HOFFMAN (Allemagne). — Je ne suis pas d'avis de mettre « dans un lieu public ». M. Timmory avait raison quand il disait : l'auteur qui donne le droit de faire de la radiodiffusion à une société a vendu sa marchandise, et quand il a vendu sa marchandise...

M. Timmory (France). — Il n'a pas vendu sa marchandise, il a donné le droit de faire jouer son œuvre.

M. Hoffman (Allemagne). — Il a donné le droit de faire de la radiodiffusion par la société intéressée et quand cette société profitera de ce droit qu'on lui a vendu, tout ce qu'elle fera sera licite et l'auteur n'aura pas à se plaindre de ce que fera cette société en vertu du droit qui lui a été cédé.

Donc, si quelqu'un met un haut parleur dans un lieu public, il portera atteinte, non pas aux droits de l'auteur, parce que l'auteur a vendu ces droits à la société émettrice, mais aux droits...

M. Timmory. — Non ! non !

M. Hoffmann (Allemagne). — ... de la société émettrice qui a acheté le droit de faire l'émission. Je crois que c'est l'opinion du Bureau de Berne, parce que si vous lisez l'article 11 *bis* vous verrez qu'il y est dit :

« Il est non moins évident que le fait, par une station réceptrice de « transmettre à nouveau les ondes reçues d'une première station émet« trice, procédé qu'on désigne sous le nom de broadcasting, est égale« ment soumis aux droits d'auteur. »

C'est-à-dire qu'une nouvelle atteinte aux droits de l'auteur a lieu seulement quand les ondes reçues sont réexpédiées à nouveau ; mais le haut parleur qui est mis dans un lieu public ne fait pas de retransmission : c'est une émission qui est faite une fois par une société d'émission, qui est, si on peut dire, élargie, mais qui n'est pas retransmise. Par conséquent, je suis d'avis qu'on ne peut pas donner à l'auteur le droit de réclamer une redevance au propriétaire d'un haut parleur dans un lieu public.

M. Drouets (France). — Je ne crois pas que l'on puisse inférer ce que vous venez de dire de ce qui est écrit dans la convention de Berne. Il s'agit d'une autre question : il s'agit des postes de relais.

Je conteste un peu ce que vient de dire le Délégué de l'Allemagne, à savoir que l'auteur a cédé complètement son droit à la société d'émission. Il l'a cédé dans des conditions déterminées, pour des émissions qui seront faites par la société traitante et qui iront à des postes particuliers : chez ces particuliers, il n'y a rien à réclamer. Mais vous avez quelqu'un qui va bénéficier de l'émission qui sera faite, et ce quelqu'un en bénéficiera au détriment, d'une part, de la société émettrice : c'est une question qui doit être réglée ultérieurement, qui fait partie de l'ensemble de la question de savoir comment la société émettrice aura l'argent nécessaire pour payer les droits d'auteur ; ce quelqu'un en bénéficiera d'autre part, d'une façon supplémentaire, puisque, par ce moyen, il attirera des clients et partant des recettes, des bénéfices qui, ici, peuvent être calculés, à la différence de ce qui se passe pour l'émission reçue par des postes particuliers. Chez les particuliers on ne peut pas évaluer le bénéfice, et c'est ce qui rend la matière si difficile ; mais dans un lieu public, les gens se réunissent pour danser ou pour entendre de la musique et là vous avez des recettes sur lesquelles on peut percevoir des droits. C'est tout à fait différent.

Ce qui rend la situation difficile, c'est qu'en matière de perception du droit d'auteur, d'une façon générale, on perçoit sur l'entrepreneur et sur sa recette, tandis qu'ici vous êtes en présence d'une société qui fait des émissions d'ondes, dont on ne connaît pas les recettes. C'est pourquoi il est difficile de dire dans quelles conditions on percevra le droit d'auteur ; dans le cas d'un poste récepteur installé dans un lieu public, qui produit des recettes, vous avez une base, en dehors du contrat intervenu entre l'auteur et la société d'émission, contrat qui visait la diffusion pour tous les particuliers possesseurs d'un poste récepteur.

Je crois que, véritablement, on peut concevoir les deux choses.

M. LE PRÉSIDENT. — En réalité, M. Hoffmann propose, si j'ai bien compris, que, seuls, les postes émetteurs ou de retransmission soient tenus de payer les droits d'auteur ?

M. HOFFMANN (Allemagne). — Parfaitement !

M. LE PRÉSIDENT. — Par conséquent, les exploitants dans un lieu public n'auraient rien à payer. Au contraire, la proposition du rapporteur général, que vous connaissez, et qui a été amendée par M. Drouets, est que tout le monde paie.

M. HOMBURG, *rapporteur général*. — La proposition que le Bureau pourrait faire serait la suivante :

« Les droits sont dûs par tous les exploitants de postes émetteurs « ou de relais.

« Ils sont également dûs par tous propriétaires ou exploitants de « postes de réception dans un lieu public. »

M. DROUETS (France). — Généralement, le propriétaire est l'exploitant.

M. LE PRÉSIDENT. — La proposition de M. Hoffmann consisterait à supprimer ce deuxième alinéa.

M. YOUPIS (Grèce). — Le fond de la question, à mon avis, c'est de fixer les droits que l'auteur a cédés. Il a cédé à l'émetteur le droit de la diffusion aux particuliers ou aussi le droit de diffusion aux établissements publics qui en profitent... C'est une question d'interprétation de l'acte intervenu entre l'auteur et l'émetteur.

Qu'est-ce qui se passe, en général et en pratique ? Je ne suis pas suffisamment renseigné sur cette question. Probablement les techniciens pourront le dire, mais je pense qu'en général un auteur cède ses droits pour toutes les diffusions pour les postes particuliers comme pour les établissements publics qui en profiteront. Il se peut que les choses se passent autrement ; mais si l'auteur cède son droit de diffusion pour n'importe quels postes récepteurs, je crois qu'il n'a aucunement le droit de demander une redevance supplémentaire à qui que ce soit, en dehors de l'émetteur, même si un récepteur quelconque en profite.

Dans ces conditions, je suis enclin à adopter la thèse de M. Hoffmann d'après laquelle l'auteur n'a le droit de demander une redevance qu'à l'émetteur. Si l'émetteur en question utilise les ondes, en fait la diffusion à des établissements qui en profitent, l'auteur demandera une redevance plus grande.

M. le Président. — La question de la nature juridique du contrat qui interviendra est une question capitale ; il s'agit de savoir si un nouveau contrat naît au moment d'une audition publique, même alors qu'un premier contrat a été passé avec la société émettrice.

M. Timmory (France). — M. Drouets a très bien réglé cette question.

M. Drouets. — C'est une question qui dépend de la législation interne. Ce sont des modalités d'application sur lesquelles on ne peut pas se prononcer ;

M. Tirman (France). — Ne conviendrait-il pas d'ajouter, après la formule très générale qui vient d'être indiquée, « suivant des modalités qu'il appartiendra aux législations internes de fixer » ?

Nous n'entendons pas nous immiscer dans les lois internes des Etats.

M. Timmory. — Ni même dans les conventions entre auteurs et sociétés émettrices. La thèse de M. Hoffman nous laisse bien tranquilles. Nous avons traité en France, jusqu'ici, à des conditions dérisoires, mais jamais les postes d'émission n'ont éprouvé le désir de nous dire ; c'est moi qui toucherai sur les exécutions dans les lieux publics ! S'ils émettaient cette prétention, dans nos contrats nous stipulerions simplement le contraire et s'ils refusaient d'accepter notre stipulation, nous ne laisserions pas émettre nos œuvres.

C'est une question de contrat entre particuliers.

M. Eichenwalt (U. R. S. S). — Comme technicien, je me permettrai de dire un mot sur ce sujet.

Etant donné que le droit des auteurs est reconnu partout, même chez nous, quoique peut-être avec d'autres modalités, il s'agit de trouver le moyen de réaliser ce droit. Voilà la question.

On peut dire que le propriétaire d'une salle publique doit payer une redevance, mais malheureusement en T. S. F. il n'est pas toujours facile de démontrer que le poste récepteur, placé dans une salle publique, est syntonisé sur un poste émetteur déterminé. Il est possible qu'à ce moment, au lieu d'écouter tel poste, il ait pris une partie d'un programme différent : c'est bien facile. Si vous avez un poste placé dans une salle publique assez grande, certainement, il se mettra d'accord avec les postes émetteurs les plus intéressants. Alors, comment pourra-t-on réaliser ce droit des auteurs ? Je crois que c'est très difficile. Si la question se pose dans quelque temps en U. R. S. S., nous n'aurons certainement pas d'autre moyen que de faire payer le poste émetteur ou la société qui possède ce poste. C'est très simple et c'est une solution pratique. La solution théorique peut être celle préconisée par M. Drouets ou celle que conseille M. Hoffmann, entre lesquelles je ne vois pas grande différence, mais il est évident que la formule de M. Hoffman serait d'une application plus facile.

M. Konic (Pologne). — La question est très intéressante et elle soulève encore une observation.

Vous dites qu'il faut prévoir une taxe spéciale dans les établissements publics en faveur de l'auteur ; mais figurez-vous, comme on le disait tout à l'heure, qu'il y ait un poste très puissant qui permette d'émettre ou de recevoir les concerts de l'étranger : comment voulez-vous que l'auteur puisse toucher ses droits ? Moi je ne l'imagine pas.

M. Timmory. — N'anticipez pas sur ces questions de détail !

M. Konic (Pologne). — C'est une question internationale et je vous demande comment vous voyez la possibilité de faire toucher ses droits par l'auteur.

M. Homburg, *rapporteur général.* — C'est un mode de perception à fixer.

M. Konic (Pologne). — On pose des principes, mais il faut envisager aussi la question pratique ! Un poste très puissant peut capter un concert d'Amérique ; comment voulez-vous que l'auteur touche sa redevance ? Je crois donc que l'idée n'est pas bonne. J'aime mieux le système de la compagnie possesseur du monopole, qui touche une somme fixe, en rapport avec tous ses postes émetteurs et récepteurs. Je ne vois pas que l'on puisse trancher la question d'une autre façon.

M. le Président. — Alors, vous voulez que, seuls les postes émetteurs paient la taxe ?

KONIC (Pologne). — Oui, parce que je considère qu'il est impossible de faire autrement. C'est très facile de poser des principes, mais s'ils ne sont pas réalisables !

M. TIMMORY (France). — C'est très facile de dire qu'ils ne sont pas réalisables !

M. BUSER (Suisse). — Il y a une question juridique et une question pratique.

La question juridique est celle de savoir s'il y a un contrat entre l'auteur et l'émetteur et puis un contrat entre l'émetteur et le public. On pourrait admettre qu'il y a un contrat avec le propriétaire du lieu public que l'on envisage, mais il y a ici une question purement pratique qui se pose et qui est celle-ci : quel serait le moyen le plus pratique de percevoir le droit ? Ce serait évidemment plus facile sur les postes émetteurs que sur les postes récepteurs, qu'on ne connaît pas.

En Pologne et en Suisse, les postes récepteurs sont sous le contrôle sérieux de l'État, mais malgré tout, ce serait bien plus simple, de percevoir sur les postes émetteurs. Dans le pays où il n'y a pas un contrôle des postes récepteurs, il serait peut-être difficile de percevoir et d'établir la hauteur de la taxe. Pour les postes émetteurs même il me paraît difficile d'établir ce droit. En Suisse et en Pologne, nous connaissons encore le nombre des postes émetteurs et il y a une recette sur laquelle il serait possible de calculer le droit, mais je me demande si on pourrait réaliser cette recette partout, notamment en France.

M. TIMMORY (France). — Il est évident que la question de la perception soulève, comme le disait le représentant de l'U.R.S.S., des questions d'ordre technique. Autant il est facile d'établir un contrôle sur les émissions, autant il est difficile d'établir un contrôle des réceptions. C'est pour cela qu'en France nous avons établi un tarif dit à l'émission, un tarif forfaitaire et nous répartissons ensuite le produit de ces perceptions entre les auteurs.

On a posé une autre question d'ordre international. Il est certain qu'un poste établi en France peut recevoir des ondes d'un autre pays, mais nous avons l'intention de demander à nos collègues étrangers la création d'une commission radiophonique internationale dans laquelle nous étudierions cette question pour que chacun reçoive son dû.

M. HOMBURG, *rapporteur général*. — Je crois qu'il y a majorité dans l'assemblée pour revenir aux principes généraux qui ont été posés ; les dernières explications que j'ai écoutées avec intérêt ont trait surtout au caractère pratique d'application de ces principes. Or, nous ne cherchons pas aujourd'hui les modes d'application des principes ; ce sera aux intéressés à rechercher, par des unions particulières, par des contrats, le meilleur moyen de sauvegarder leurs droits. Ce que nous cherchons, c'est ce qui est juste ; on verra ensuite comment l'appliquer, mais on arrivera toujours à appliquer un principe, dès l'instant qu'il apparaîtra juste.

Par conséquent, je crois que nous pouvons nous prononcer sur deux textes :

« Les droits sont dus par tous exploitants de postes émetteurs ou « de relais ou de retransmission etc...

« Ils sont dus également par tous propriétaires ou exploitants de « postes de réception dans un lieu public. »

Je suis donc ici en opposition avec mon confrère M. Hoffman qui demande la suppression de la seconde partie de l'article présenté par le Comité.

M. LE PRÉSIDENT. — Je suis saisi d'une demande de clôture de la discussion.

Je la mets aux voix, (*Adopté*).

Aucun orateur n'étant inscrit, la discussion étant close, je vais mettre aux voix la première partie de l'article :

« Les droits sont dus par tous exploitants de postes émetteurs, de « retransmission ou de relais, pour toute radiodiffusion d'œuvres intellec« tuelles, littéraires, artistiques ou scientifiques ; ils sont dans ce cas « proportionnels à la puissance du poste et à la densité de la popula« tion se trouvant dans le rayon moyen d'action de ce poste. »

Il n'y a pas de contre-proposition à cette première partie. Je la mets aux voix. (*Adopté*).

Nous passons à la deuxième partie de l'article. Le texte proposé par le Comité est le suivant :

« Ils sont dus également par tous propriétaires ou exploitants de « postes de réception dans un lieu public. »

DROUETS (France). — On pourrait dire :

« Ils peuvent être également dus par tous propriétaires ou exploitants « de postes de réception dans un lieu public, suivant la législation « nationale de chaque pays. »

M. HOMBURG, *rapporteur général*. — Alors, ce n'est plus un principe que nous proclamons.

M. TIRMAN (France). — Je préférerais dire, quant à moi : suivant les modalités établies par chaque pays.

M. HOMBURG, *rapporteur général*. — Je crois qu'il est difficile d'indiquer cela dans un texte.

M. PITTARD, (Suisse). — Pardon ! Est-ce que la discussion est close ?

M. le Président. — Parfaitement !

M. Pittard (Suisse). — Alors, qu'on passe au vote !

M. le Président. — Je mets donc aux voix la deuxième partie de l'article tel qu'elle est présentée par le Comité. Le vote par état a été demandé. Il est de droit.

RÉSULTATS DU VOTE

Ont voté pour :

France
Grèce
Monaco

Ont voté contre :

Allemagne
Autriche
Finlande
Pologne
Suisse
Tchéco-Slovaquie
U. R. S. S.

Se sont abstenus :

Etats-Unis d'Amérique
Italie
Norvège.

Le Congrès repousse le 2e alinéa par 7 voix contre 3 et 3 abstentions.

M. le Président. — Je donne la parole au Rapporteur Général.

M. Homburg, *rapporteur général*. — La question qui se pose maintenant est celle de savoir si nous devons nous prononcer sur le montant des droits.

Nous avons proposé la formule suivante :

«... Ils — les droits — sont — dans ce cas il s'agissait des postes « émetteurs ou de relais — proportionnels à la puissance du poste et à « la densité de la population se trouvant dans le rayon moyen d'action « de ce poste. »

M. Timmory (France). — Je demande la parole pour une motion d'ordre.

On dit : « droit proportionnel à la densité de la population ». J'estime que le congrès n'a pas à déterminer le montant et la forme de la perception.

M. LE PRÉSIDENT. M. Timmory propose au Congrès de se déclarer incompétent sur la question du montant de la perception.

M. PITTARD (Suisse). — Il a raison : c'est un contrat qui intervient.

M. TRUTIE DE VARREUX. — Je suis de l'avis de M. Timmory.

M. LE PRÉSIDENT. — Quelqu'un demande-t-il la parole sur cette question ?

M. HOMBURG, *rapporteur général*. — Je rappelle que j'ai posé la question sous cette forme : « Le Congrès pense-t-il que cette question entre dans les travaux du Comité et, éventuellement, d'une commission ? » Je n'ai pas pris position sur une motion d'ordre.

M. PITTARD (Suisse). — C'est une atteinte à l'autonomie de la volonté.

M. HOMBURG, *rapporteur général*. — J'ai posé la question préalable ; c'est au Congrès de répondre.

M. PITTARD (Suisse). — J'estime qu'il vaut mieux passer à l'ordre du jour.

M. LE PRÉSIDENT. — Quelqu'un demande-t-il la parole sur la motion d'ordre ?

Personne ne demandant la parole sur la motion d'ordre de M. Timmory, je la mets aux voix. (*Adopté*).

Nous passons alors à la question du droit de vote des États que nous avions réservée. Je rappelle que, tout en renvoyant cette question à plus tard, vous avez décidé que cette discussion devait avoir lieu.

La parole est à M. Hirschfeld.

M. HIRSCHEFELD (U.R.S.S.). — Ainsi que nous l'avons déjà dit, nous estimons que les questions telles que celle du droit des auteurs ne peuvent pas faire l'objet d'une convention générale ; nous reconnaissons les droits des auteurs, mais nous reconnaissons que ceux-ci doivent faire l'objet de conventions particulières entre les Etats ; ceci est pour expliquer notre abstention dans le vote qui vient d'avoir lieu.

M. LE PRÉSIDENT. — Ceci est une explication de vote. Nous revenons maintenant à l'article 22 du projet de convention : Droit de vote des États.

M. HIRSCHFELD (U. R. S. S.) Tout d'abord, je voudrais bien poser la question.

Le vœu annexe à l'article 22 dit :

« Chaque État aura un nombre de voix proportionnel à son importance économique. »

La rédaction de ce vœu ne paraît pas très claire. En effet, qu'est-ce que l'importance économique d'un État ? Quels sont les facteurs, non mentionnés, qui pourraient préciser cette importance économique ? Par exemple, est-ce la richesse en matières premières ? Est-ce le développement de l'industrie, du commerce intérieur ? Est-ce celui du commerce extérieur ?

D'autre part, qui va évaluer cette importance économique ? De quelle manière sera-t-elle évaluée ?

M. LE PRESIDENT. — Le rapporteur général est-il disposé à répondre maintenant ?

M. HOMBURG, *rapporteur général*. — Je répondrai aux observations en bloc.

M. PITTARD (Suisse). — J'ai proposé de passer à l'ordre du jour sur cette question, non pas parce que je ne l'estime pas intéressante, mais parce que je considère qu'elle sort du cadre du congrès. On a voté qu'il fallait la discuter, je suis prêt, mais je trouve que nous sommes dans un congrès privé dont les répercussions n'auront aucun effet, parce que Washington discutera des questions techniques, mais n'aura pas à discuter des questions de droit international public comme le droit de vote des États.

En principe, tous les juristes ont appris sur les bancs de l'Université que les États souverains sont égaux entre eux ; par conséquent, c'est l'égalité qui doit régner entre les États. Si vous voulez démolir cette égalité, vous devez avoir des motifs suffisamment importants pour abolir une règle généralement admise et conforme au droit international. Or, je ne vois pas dans le cas qui nous occupe, un motif, même insuffisant pour décider que les États auront des droits de vote inégaux dans une réunion qui n'est pas même constituée. Nous allons dire que les États ont un droit de vote inégal, dans quoi ?... Nous ne constituons pas l'Union ! Les conférences sont maîtresses d'elles-mêmes !

Par conséquent, nous allons émettre un précepte, une règle de droit inapplicable parce qu'applicable à rien du tout ! C'est extrêmement dangereux.

Et puis, comme vient de le dire M. Hirschfeld, qu'est-ce que l'importance économique d'un État ? Qui jugera de la valeur économique d'un État ? Sur quoi estimera-t-on cette importance ? Sur le nombre des habitants ? Sur les importations ?... Sur les exportations ?... Sur ce qui, enfin, joue le rôle principal dans l'importance économique d'un État. Alors, vous aurez une voix prépondérante, parce que vous importez davantage de beurre, parce que vous importez moins de blé, alors que vous n'avez pas de postes de radiophonie, tandis qu'un autre État, qui n'a presque pas d'importations ni d'exportations, mais qui a une vie scientifique intense, n'aura pas de voix, parce que son importance économique est à peu près nulle ?

Notez que l'idée part d'un très bon sentiment et que je comprends que l'on ait étudié cette question au Comité directeur, dont je fais du reste partie, mais je crois que, *errare humanum est et perseverare diabolicum*... il faut s'arrêter là ! Quand des questions arrivent ainsi en fin de séance, on cherche à faire l'unanimité et on cherche surtout à faire du sentiment. C'est contre cela qu'il faut réagir.

Je voudrais ramener le Congrès à une notion juridique et lui dire que l'égalité entre les États étant le principe à la base, nous ne voyons aucun motif de réagir contre cette égalité.

Ceci posé, nous estimons que le problème du droit de vote des États échappe au Congrès de Genève pour deux motifs : parce que c'est une question de droit public, d'organisation intérieure des États, de convention internationale, qu'il appartient au pouvoir législatif d'en décider ; ensuite, parce que nous n'organisons pas du tout la commission dans laquelle ce vote devra intervenir.

Par conséquent, nous installons un principe de vote dans une assemblée qui n'existe pas ! Autrement dit nous mettons la charrue devant les bœufs !

M. Eichenwalt (U.R.S.S.). M. le Professeur Pittard se trompe sur un point : la conférence de Washington ne sera pas simplement technique ; elle ne s'occupera pas uniquement des questions de radiodiffusion ; elle s'occupera aussi des conventions juridiques. Je crois, comme M. Pittard, que notre Congrès ne pourra même pas émettre un vœu à ce sujet, mais je pense qu'il serait tout de même intéressant de discuter la question, d'établir quelque base, quelque formule ; cela permettrait certainement à la convention de Washington de se retrouver, de se guider.

M. le Président. — Messieurs, la proposition de M. Eichenwalt consiste à rechercher la formule la plus propre à exprimer, pour le Congrès de Washington, ce que doit être la coopération des États.

M. Konic (Pologne). — Je suis d'accord avec M. Pittard, mais n'adopte pas ses conclusions.

Nous sommes dans une conférence, dans un congrès international juridique. Nous sommes des juristes qui peuvent exprimer leurs vues et je crois que nos vues sont conformes à la doctrine, à l'état de choses actuel quand nous disons que les États sont tous égaux. Vous dites que c'est un principe très dangereux.

M. PITTARD (Suisse). — Non.

M. KONIC (Pologne). — Mais au point de vue juridique ce principe est inscrit dans les décisions même de la Société des Nations. On dit, à la Société des Nations, que tous les États sont égaux. Pourquoi ne pourrions nous pas mettre ce principe en radiophonie ; que tous les États sont égaux ? Je crois que nous pouvons parfaitement émettre ce vœu et qu'il pourrait avoir une valeur essentielle, notamment au point de vue pratique.

Voilà pourquoi je propose le vote de cette motion, non pas comme elle est présentée, mais pour dire qu'en matière de radiophonie et en ce qui concerne la convention à venir, tous les États sont égaux et ont droit de vote égal.

LE PRESIDENT. — Par conséquent, M. Konic fait une proposition ferme en faveur de l'égalité des États en ce qui concerne le droit de vote.

La parole est à M. Timmory.

M. TIMMORY (France). — Je n'aime pas beaucoup m'immiscer dans ces questions, parce que cela sort de ma compétence ; mais cette proposition me semble un peu extraordinaire, parce que, au point de vue radiophonie la situation des États différant beaucoup, il n'y a pas lieu d'avoir l'égalité. Il y a, actuellement, par exemple, des États qui se contentent de recevoir les ondes des autres et il y a d'autres États qui transmettent des ondes. Il faudrait au moins, avant d'accorder l'égalité, tenir compte de l'état de la radiophonie dans les différents pays.

M. KONIC (Pologne). — Je rappelle que, à la Société des Nations, tous les États sont égaux.

M. LE PRÉSIDENT. — Par conséquent, nous avons une proposition très nette de M. Konic, en faveur de l'égalité, et une proposition du Bureau en sens contraire.

M. DROUETS (France). — Il y a une troisième proposition d'après laquelle cette question ne serait pas de la compétence du Congrès. En somme, c'est une motion d'ordre.

M. HOMBURG, *rapporteur général.* — Cette motion d'ordre a été repoussée, elle n'existe plus ; c'est pourquoi on a entamé la discussion.

M. HIRSCHFELD (U.R.S.S). — Tout en attendant la réponse à la question qui a été posée, je me permets d'exposer le point de vue de l'U.R.S.S.

La Délégation de l'U.R.S.S, s'inspirant du principe réellement démocratique proclamé dans les conventions internationales, notamment dans la convention postale télégraphique et radiotélégraphique, a proposé, il y a quelques années, en 1924, lors du congrès postal de Stockholm, l'application stricte du principe du régime d'une seule voix pour chaque Etat participant ; mais une forte opposition de la part d'un certain nombre de pays a fait naître de grandes difficultés d'ordre juridique. Ces difficultés ont rendu impossible jusqu'à présent la réalisation de cette proposition. Or, il faut envisager une solution pour ainsi dire transitoire, en raison de l'état actuel des choses qui a été créé en radio-électricité par les conventions et les conférences générales.

Etant donné que le régime d'une seule voix par Etat n'a pas été admis, l'U.R.S.S. qui considère que ce système serait cependant le plus équitable et le plus simple, considère en toute franchise, qu'à titre transitoire, on pourrait envisager la procédure suivante.

Les pays qui sont composés de plusieurs Etats pour ainsi dire indépendants les uns des autres, pourraient avoir des voix supplémentaires. Mais il nous apparaît que l'on devrait établir des bases fondamentales qui devraient préciser le mode d'attribution de ces voix.

On devrait tenir compte : 1° de l'étendue du territoire ; 2° de l'indépendance politique et administrative de chacun des Etats composant l'Etat ; 3° du développement du réseau et du trafic radioélectriques, non pas seulement de la radiodiffusion, mais aussi des radiodiffusions internes et internationales.

Il est évident que la délégation de l'U.R.S.S. n'a pas la prétention de vous proposer une solution idéale ; je le répète, la solution idéale serait l'application stricte des conventions, c'est-à-dire l'attribution d'une seule voix à chaque Etat ; mais à titre transactionnel, nous voudrions établir quelques bases.

Pour citer notre exemple, l'U.R.S.S. est composée de sept républiques fédératives, signataires du Pacte de l'Union. Ce sont, notamment : la République soviétique socialiste fédérative de Russie, la République soviétique socialiste de l'Ukraine ; la R.S.S. de la Russie Blanche ; la R.S.S. de Transcaucasie : la R.S.S. des Tourkmènes ; la R.S.S. d'Azerbaïdjan ; sans compter les républiques ottomanes.

L'U.R.S.S. estime que si l'on n'adopte pas le principe de la voix unique par Etat, l'U. R. S. S. aurait droit à 8 voix, soit 1 voix pour l'U.R.S.S. et 7 voix pour les Républiques confédérées, tout à fait indépendantes, mais qui ont signé le pacte d'union. Ce nombre de 8 voix correspond à peu près au nombre de voix qui revient normalement à l'U.R.S.S. comme héritière de la Russie tsariste. La plupart de ces voix s'appliquent au territoire de l'ancien empire tsariste, seulement ces territoires aujourd'hui distincts ne jouaient pas le même rôle économique et politique que maintenant. Il est utile d'ajouter que l'étendue occupée par ces diverses républiques représentent le 6e du globe, avec une population d'environ 150 millions d'âmes, que cet ensemble exige des communications à longue distance, développées et perfectionnées pour relier des points aussi distants au centre économique et politique.

Pour conclure, je répète que la solution idéale à notre point de vue est la voix unique pour chaque Etat, mais que cette solution ne nous paraît pas possible pour le moment.

M. Pittard (Suisse). — Si !

M. Hirschfeld (U.R.S.S.). — C'est la proposition que nous avons faite et nous en restons là, mais si ce principe n'est pas adopté, l'U.R.S.S. estime que l'Union des républiques soviétiques a le droit de demander 8 voix.

M. Pittard prend la présidence.

M. Erich (Finlande). — Quelque ardent que soit le désir des Etats secondaires et des petits Etats de sauvegarder, de maintenir intact ce grand principe de l'égalité juridique des Etats, je ne saurais contester, pour ma part, le bien fondé relatif de cette idée que l'on doit tenir compte, dans une certaine mesure, des grandes inégalités existant entre les Etats au point de vue économique et au point de vue du développement des communications radioélectriques. Cela me paraît un principe assez juste et de nature à fortifier les organisations techniques dont le nombre est toujours croissant dans le cadre de la communauté internationale.

C'est pour cette raison que je serais disposé à admettre un mode de classification dans lequel on doit tenir compte, comme l'a justement fait remarquer M. Timmory, de cette inégalité réelle qui existe. Il va sans dire que, comme représentant d'un tout petit pays, je suis décidé à sauvegarder l'égalité juridique des Etats, mais je crois que, dans l'intérêt même de la communauté internationale, on doit tenir compte des inégalités économiques.

Cependant la formule :

« Chaque Etat aura un nombre de voix proportionnel à son importance économique » me paraît trop vague et ne semble pas de nature à me donner satisfaction.

Je ne suis pas à même de présenter une nouvelle rédaction. J'ai voulu simplement attirer votre attention sur ce fait qu'il convient de tenir compte de cette inégalité en faisant une distinction entre les Etats.

Il y a aussi la possibilité, qui a été mentionnée par M. Hirschfeld, de donner des voix supplémentaires à certains Etats. Il y a divers moyens qui, sans sacrifier le principe fondamental de l'égalité, sont toutefois de nature à tenir compte de ces différences réelles qui existent entre les Etats et, en tenant compte de ces différences, je crois qu'on contribuerait plutôt à renforcer l'importance et l'efficacité de l'organisation internationale qui est aujourd'hui l'objet de nos discussions.

M. LE PRÉSIDENT. — Pour ne pas trop laisser s'égarer la discussion, je vous propose de scinder la question en deux parties.

Je poserai d'abord la question : y a-t-il des convictions suffisamment éclairées pour voter l'égalité des Etats ?

Si l'égalité est adoptée, la question sera liquidée. Si on préfère un nombre de voix proportionnel, nous verrons alors dans quel sens nous voulons nous orienter. (*Assentiment général*).

Quelqu'un dépose-t-il une motion contraire ?...

Personne ne demandant la parole, je vais donc mettre aux voix, par Etat, le fond même de la question, c'est-à-dire : êtes-vous d'accord sur le principe de l'égalité, d'accorder une voix par Etat ?

Si cette proposition est repoussée, nous verrons alors le principe vers lequel nous devons nous diriger.

Le vote est ouvert.

RÉSULTATS DU VOTE

Ont voté pour :

Allemagne
Autriche
Grèce
Monaco
Norvège
Pologne
Suisse
Tchéco-Slovaquie
U. R. S. S.

Ont voté contre :

Finlande

Se sont abstenus :

Etats-Unis d'Amérique
France
Italie.

Le Congrès a adopté le principe de l'égalité entre les Etats.

M. le Président. — Messieurs, la question est liquidée. Le Congrès est d'avis que dans la convention internationale concernant la radio-électricité les Etats devraient avoir des droits égaux. C'est le vœu que vous avez exprimé : le Congrès émet le vœu que les votes des Etats soient basés sur le principe de l'égalité. Ceci nous évite de longues discussions, peut-être académiques, sur la proportionnalité.

Qu'il me soit permis, cependant, à titre de renseignement, de vous donner un exemple.

Nous nous sommes trouvés, au point de vue aérien, entraînés dans une discussion semblable. La convention aérienne avait donné la majorité des voix aux cinq grandes puissances. Les cinq grandes puissances entre elles pouvaient faire la majorité sur tous les autres pays quel qu'en fut le nombre. Le résultat a été que les Etats neutres n'ont pas adhéré.

Ensuite, on nous a demandé : quelle objection avez-vous à faire à cette disposition ? Nous avons répondu que l'objection était que l'Angleterre — et d'autres Etats —avaient cinq voix ou même un nombre de voix indéterminé, autant de voix qu'il était nécessaire pour que les cinq grandes puissances aient la majorité sur tous les autres Etats.

On a alors reconnu la prépondérance des grands Etats au point de vue aérien et on a trouvé un moyen terme : l'égalité entre tous les états ; mais la décision ne serait définitivement valable que si, dans la majorité se trouvaient trois des cinq grandes puissances. C'était le système de l'équilibre.

Les Etats neutres ont répondu : non. Nous voulons l'égalité.

Ceci prouve que, dans les circonstances actuelles, quel que soit notre désir, il y a encore des principes juridiques supérieurs qui trouvent leur application.

Nous nous arrêtons donc à cette formule :

« Le Congrès émet le vœu que le vote des Etats soit basé sur le principe de l'égalité ».

M. Eichenwalt (U. R. S. S.). — Il n'existait pas une analogie complète entre le cas de la navigation aérienne et celui de la radiotéléphonie.

M. Pittard (Suisse). — Ce n'est pas l'analogie, c'est le système que j'ai indiqué.

M. Eichenwalt (U. R. S. S.). — Justement, je ne crois pas que le système aura les mêmes conséquences quant à la radiotélégraphie. Les petites nations sont aussi intéressées que les grandes à ce qu'on ne navigue pas sur leur territoire sans leur permission. Les ondes radioélectriques sont absolument indépendantes de leur volonté et de celle des autres Etats. D'autre part, ce sont les Etats qui doivent posséder des réseaux très puissants, un réseau très étendu, qui sont le plus gênés par les interférences des postes appartenant aux Etats qui n'ont pas un réseau aussi important pour leurs communications.

Je trouve — et je crois que la délégation de l'U. R. S. S. n'est pas en contradiction avec mon opinion personnelle — qu'une certaine inégalité est justifiée. C'est une conséquence de la T. S. F. En principe, nous avons voté le vœu que l'égalité est désirable, mais je suis certain qu'elle ne sera pas possible ; c'est pourquoi il serait très intéressant de ne pas émettre un vœu définitif, mais de trouver les éléments qui pourraient conduire à élaborer un texte plus ou moins acceptable au cours de la conférence de Washington.

M. le Président. — Je vous ferai remarquer que nous avons voté qu'il fallait émettre un vœu. J'aurais préféré le contraire, mais enfin nous avons voté, sur la proposition de M. Hirschsfeld que le Congrès serait saisi d'un vœu. Vous avez voté vous-mêmes le principe de l'égalité : la discussion est close.

En ce qui concerne vos observations, que je comprends, qui sont peut-être justes, qui ne sont pas qu'académiques, nous en prenons acte, mais je ne crois pas devoir rouvrir la discussion sur ce sujet.

Elles figureront au procès verbal.

(*La séance est levée à 2 heures*).

SIXIÈME SÉANCE

Jeudi 2 juin 1927 (matinée)

La séance est ouverte à 9 heures, sous la présidence de M. de Rabours.

M. le Président. — Avant de passer à l'ordre du jour, je donne la parole à M. Paul Hjelt, délégué de la Finlande, pour une rectification de vote.

M. Hjelt (Finlande). — Messieurs, M. le ministre de la Finlande m'a prié de vous demander si l'on ne pourrait pas faire une rectification au procès-verbal de la séance d'hier. Quand on a discuté le vœu annexé à l'article 22, M.Erich a indiqué, à titre personnel, qu'il n'était pas partisan du principe de l'égalité du droit de vote pour les Etats, parce qu'il estime que l'importance économique des Etats devrait jouer un rôle. Lors du vote, il s'est prononcé contre le principe de l'égalité, mais comme, dans le procès-verbal, on indique les pays qui ont voté pour ou contre, et comme il n'exprimait qu'une opinion personnelle, il demande que la Finlande soit indiquée comme s'étant abstenue.

M. le Président. — Personne ne fait objection à cette rectification de vote ?...

Mention en sera faite au procès verbal.

La parole est à M. Hirschfeld.

M. Hirschfeld (U. R. S. S.). — Je voudrais dire quelques mots, à titre d'information, en ce qui concerne la façon dont sont traités les droits des auteurs en U. R. S. S , car, en parlant avec certains de nos collègues, j'ai pu constater qu'il y avait un malentendu. Je tiens donc à expliquer, une fois encore, comment les choses se passent.

Les droits des auteurs sont protégés chez nous par une loi spéciale, comme c'est le cas dans tous les pays, mais, en ce qui concerne l'application de ces droits dans le domaine de la radiophonie, il y a des particularités. C'est-à-dire que nous avons le système de la liberté des microphones ; autrement dit, des droits spéciaux ne sont pas dus à l'auteur pour le fait de la reproduction de son œuvre littéraire ou musicale par radiodiffusion.

En ce qui concerne le domaine international, je l'ai déjà dit, l'U. R. S. S. est en principe pour la conclusion d'arrangements spéciaux, mais trouve que la question n'est pas encore au point et que, pour cette raison, elle ne pourra pas être tranchée par une convention d'ordre général.

M. le Président. — Il sera donné acte de votre déclaration.

Quelqu'un demande-t-il encore la parole sur la séance d'hier ?

Personne ne demandant plus la parole, nous abordons l'ordre du jour de la séance d'aujourd'hui.

La parole est à M. Paul de Lapradelle, rapporteur du paragraphe IV de nos textes : Droits des propriétaires et locataires en matière d'installations radioélectriques.

M. de Lapradelle, *rapporteur*. — Monsieur le Président, messieurs, les réalités les plus minces sont parfois lourdes de conséquences. Vous êtes réunis ce matin pour discuter sur la question des droits des propriétaires et des locataires en matière d'installations radioélectriques et votre discussion est suspendue à un fil, ce qui peut sembler paradoxal, puisque nous sommes dans un domaine dont les adeptes sont qualifiés sans filistes ! En dépit du caractère ténu de son objet, la question posée devant vous par le Comité international n'est pas en dehors de vos préoccupations normales. Je m'appuierai sur une double constatation de fait pour vous montrer l'opportunité de son inscription dans le programme particulièrement international de vos discussions.

Tout d'abord, je vous rappellerai qu'au cours de ces trois dernières années des décisions de jurisprudence sont intervenues, surtout en Autriche, en Allemagne, en Italie et en France. Ces décisions, vous les trouverez rapportées dans la Revue Juridique Internationale de la Radioélectricité et dans les « Blätter für Funkrecht » qui ont été mises très aimablement à votre disposition par les soins de M. Hoffmann.

Le simple fait que des tribunaux — et des tribunaux appartenant à divers pays — ont été amenés à se prononcer sur cette question lui donne un caractère international et nous permet de la poser aujourd'hui devant vous.

Un second fait — et je répondrai par cette seconde constatation à une objection d'ordre technique qui pourrait m'être opposée — un second fait que je veux exposer devant vous est le suivant : les antennes constituent à l'heure actuelle un mode normal d'installation de poste

L'objection, en effet, à laquelle je pense et qui sera certainement faite, est qu'il faut abandonner l'antenne, le fil, en tant qu'instrument accessoire du poste récepteur ; il faut le reléguer, car c'est un instrument désuet qui, à l'heure actuelle, se trouve remplacé par l'antenne intérieure fixée par un simple bobinage sur cadre. Mais il suffit de faire la constatation que j'ai faite moi-même dans les villes où je suis passé pour venir à Genève et à Genève même : jetez un coup d'œil sur les toits et vous pourrez constater la présence de ce dispositif d'antenne sous toutes les formes : unifilaire, polyfilaire, en nappe, en fuseau ou en cage.

Cette double constatation nous permet de poser la question devant vous.

Ces deux constatations préliminaires faites, je poserai les termes du débat sous cette forme : le locataire de tout ou partie d'un immeuble a-t-il le droit d'installer à l'extérieur des lieux loués une antenne sans l'autorisation du propriétaire ? et j'étudierai devant vous les deux points de vue opposés, en apparence, car, en fait, ils sont conciliables et ils ont pu se concilier : le point de vue du locataire d'une part, le point de vue du propriétaire d'autre part. C'est à vous qu'il appartiendra de choisir entre ces deux points de vue ou de constater l'accord qui peut intervenir.

Je me bornerai donc à résumer les prétentions extrêmes exprimées de part et d'autre. Je dis « extrêmes » et j'insiste sur ce qualificatif, parce que je suis de ceux qui pensent qu'il faut exagérer les thèses opposées pour mieux les concilier.

Prenons le point de vue du locataire.

Les locataires prétendent non seulement à l'installation libre, sans autorisation du propriétaire, d'un poste à l'intérieur des lieux loués, mais à l'installation extérieure sans demander davantage cette autorisation.

Ils invoquent, à l'appui de leur prétention, les arguments suivants. Ils se fondent d'abord sur une bienveillance légale de la part des autorités qui paraissent entourer d'une faveur particulière le simple amateur, surtout lorsqu'il est récepteur.

En effet — et je parle avant tout du décret français que je connais mieux, — si le législateur a entouré de certaines conditions de contrôle — et qui paraissaient indispensables — les postes d'émission, le simple poste privé récepteur n'est nullement soumis à des obstacles de cette nature, exception faite d'une simple taxe de statistique. En ce qui concerne le mode d'installation, il n'y a aucune réglementation spéciale. Je dis « spéciale », car il est bien entendu qu'en ce qui concerne l'installation extérieure d'un poste, et notamment de cet accessoire qu'est l'antenne, le possesseur d'un poste tombe sous le coup des dispositions administratives qui réglementent la police de la voirie. Il est incontestable qu'en droit français une antenne qui dépassera l'alignement, franchissant cette limite fatale que nul ne saurait dépasser sans autorisation et qui sépare la voie publique de la propriété privée, tombera sous le coup des règlements de voirie ; mais il est bien certain qu'indépendamment de cette restriction, qui forcera le détenteur du poste à demander une autorisation à l'autorité compétente, chaque fois que son installation formera saillie, il n'y a aucune réglementation spéciale visant le mode d'installation d'un poste par un particulier.

En dehors de cette bienveillance spéciale, le locataire invoque ses droits de locataire tels qu'ils résultent des dispositions législatives qui ont existé de tout temps, avant même l'apparition de la radiophonie et qui sont relatives au contrat de louage d'immeuble. Ces droits du locataire consistent en autant, d'obligations du bailleur et, notamment dans l'obligation essentielle de délivrer la chose louée.

Par l'expression de « chose louée », de locaux, la jurisprudence française tout au moins et, je crois aussi, les législations étrangères, s'accordent pour comprendre non seulement le local proprement dit, c'est-à-dire les lieux occupés par le preneur, mais en outre les accessoires de ces lieux loués proprement dits.

C'est ainsi que la jurisprudence a décidé que le locataire avait un droit à l'escalier, un droit à la cour, un droit à l'ascenseur et, même un droit à la partie de la façade qui correspond aux lieux occupés à l'intérieur de l'immeuble. Cette occupation de la façade est particulièrement intéressante lorsque le locataire est un commerçant ; elle lui permettra de placer sur son balcon surplombant la voie publique la raison sociale de sa maison ; de même, lorsque le locataire exerce une profession libérale, il peut l'indiquer et placer une affiche renseignant ses clients éventuels.

Par extension de cette notion d'accessoire, le locataire prétend qu'il a le droit, tant en ce qui concerne le toit de l'immeuble, qu'il considère comme un accessoire, qu'en ce qui concerne la façade sur laquelle il donne, d'installer une antenne sans l'autorisation du propriétaire.

Nous verrons ce qu'il convient de penser de cette interprétation.

Ainsi, voici les arguments du locataire. Quelles sont, maintenant, les prétentions des propriétaires et leur fondement ?

Les propriétaires refusent et fondent leur refus sur les arguments suivants. Il s'agit, bien entendu, d'un exposé exagéré des deux thèses.

Les arguments des propriétaires qui refusent aux locataires la possibilité d'installer sans leur autorisation une antenne à l'extérieur des lieux occupés se fondent sur des raisons techniques et des raisons de droit.

Les raisons techniques sont les suivantes. Le propriétaire invoque, tout d'abord, les progrès réalisés dans la construction des appareils et déclare au locataire: grâce aux perfectionnements réalisés par les constructeurs d'appareils, vous êtes en mesure de recevoir sur cadre, très facilement, toute espèce d'émission ; l'antenne est un luxe inutile ; vous n'en avez pas besoin, vous pouvez vous en passer. Par conséquent, vous n'avez pas intérêt à réclamer l'installation d'une antenne à l'extérieur et, selon la formule juridique, vous n'avez pas d'intérêt, donc vous n'avez pas de droit.

Seconde raison technique : le propriétaire, qui a la responsabilité de son immeuble, signale les dangers qui peuvent résulter par suite de la pose d'une antenne sur le toit, en cas de déflagration, de coup de foudre, pour la sécurité de l'immeuble. Il y a, dit-il, danger d'incendie. En dehors de ce danger d'incendie, il existe de simples dangers de dégâts, dégâts causés au toit ou, tout simplement, aux personnes se trouvant sur la voie publique, par suite du bris, ou de la chute d'un accessoire ou de l'antenne.

Les arguments de droit sont combinés avec les arguments techniques. Ils se fondent sur les obligations du bailleur, obligations qu'invoquait déjà le locataire et que le bailleur lui retourne. Le bailleur est tenu d'entretenir la chose louée pendant la durée du bail. Est-ce que la pose d'une antenne, à plus forte raison de plusieurs antennes, tant sur le toit que sur la façade ne va pas gêner considérablement l'entretien de l'immeuble. On se représente assez facilement cette image du plombier ou du zingueur qui, arrivant sur le toit, se trouve en présence d'une multiplicité de chevaux de frise et est obligé, pour refaire la toiture de manœuvrer comme, pendant la guerre, le fantassin devait évoluer à travers les fils de fer barbelés.

Deuxième obligation du bailleur invoquée par le propriétaire : le bailleur est tenu d'assurer au preneur la jouissance paisible de la chose louée. Il semblerait que cet argument dût se retourner contre le bailleur et que l'on pût considérer, étant donnée surtout la faveur dont se trouve entourée la radiophonie par le législateur, que le locataire puisse dire au propriétaire : assurez-moi la jouissance paisible des lieux loués, c'est-à-dire permettez-moi non seulement d'installer un poste chez moi, mais laissez-moi installer à l'extérieur les accessoires indispensables au fonctionnement de ce poste.

Mais le bailleur de répondre — et il est particulièrement fort quand il se trouve responsable d'une maison contenant plusieurs locataires : je suis tenu de vous assurer la jouissance paisible, c'est-à-dire de vous garantir contre toute atteinte de jouissance non seulement de ma part, mais aussi contre les incommodités nées du voisinage. Je dois assurer la paix dans ma maison. Si je vous accorde cette autorisation, du point de vue de l'égalité, pourrai-je la refuser à un 2e, un 3e locataires qui me feront la même demande ? Il est impossible que tous vos fils de descente soient branchés sur une seule antenne et, par le jeu des réactions de votre poste, consécutives à sa manœuvre, vous êtes amenés à vous gêner mutuellement. Je n'ai qu'un moyen d'éviter tout cela : c'est de refuser toute espèce d'autorisation.

A côté de ses obligations de bailleur vis-à-vis du preneur, le propriétaire invoque les obligations du locataire. Le preneur est tenu d'user des lieux loués raisonnablement, selon la formule du bon père de famille. C'est abuser de cette jouissance que d'installer à l'extérieur des lieux loués une antenne.

Enfin, il invoque, comme dernière ressource, le droit commun de la propriété. Il ne faut pas oublier que c'est d'une question de propriété qu'il s'agit, c'est-à-dire du droit le plus absolu. Si nous ne pouvons pas aller jusqu'à l'extrême, du moins devons-nous reconnaître au propriétaire le droit d'aménager son immeuble comme il l'entend. Il peut avoir des soucis d'esthétique ; parfois son architecte l'y contraint : nous pouvons certes en apprécier les résultats, les critiquer au besoin, mais nous ne pouvons pas les interdire. Il se peut que ce souci architectural de son immeuble de la part du propriétaire l'amène à interdire la pose d'une antenne, surtout lorsque cette antenne est un dispositif important, de nature à détruire l'harmonie du bâtiment.

Voici, de part et d'autre, les positions et les arguments.

Entre les deux partis, devrez-vous choisir, ou ne devrez-vous pas, examinant tour à tour les arguments présentés, faire la balance des intérêts qu'ils représentent et conclure à un compromis qui est, au fond, la véritable formule ?

Il est rare — et c'est une expérience judiciaire qui se renouvelle tous les jours — que, dans le débat de deux intérêts légitimes et présentés de bonne foi, le droit soit d'un seul côté, d'un seul tenant et que l'on puisse dire : là est le bien fondé de la thèse, là il n'y a rien, là est le néant. Au contraire, dans le cas qui nous occupe, le droit est partagé, et vous êtes amenés à faire ce compromis qui, au fond, est la seule réalité désirable.

Nous avons donc posé comme fondement indiscutable le principe de la propriété et, se fondant sur ce principe, fait de réalité, partant de droit, on peut déclarer que lorsqu'il s'agira d'établir une antenne extérieure, l'autorisation du propriétaire devra être réclamée.

Mais la propriété, si elle est absolue en droit, comporte, en fait, des limitations qui la grandissent, d'ailleurs, plus qu'elles ne la diminuent. C'est au nom de la paix sociale que ces limitations doivent être apportées et les propriétaires sont les premiers à faire ces concessions.

D'où la nécessité de reconnaître que si une autorisation devra, dans chaque cas, être demandée, le propriétaire, dans chaque cas, devra être tenu, lorsqu'il la refusera, de donner les motifs de sa décision. Ce que nous voulons prévenir, c'est l'abus du droit. Le cas que nous visons, est celui du propriétaire intraitable qui, heureusement, maintenant que des avis particulièrement autorisés et sages peuvent lui être donnés se fait rare, mais qui, tout de même, peut exister. C'est ce vir ferox que nous voulons empêcher de manœuvrer.

De cette manière de voir ont été dégagés les articles que nous vous proposons.

L'article Ier se réfère à l'installation à l'intérieur des lieux loués. Il semble qu'il soit inutile, mais en le rédigeant nous nous sommes souvenus d'un jugement rendu en Italie et qui interdisait la pose d'un appareil de T. S. F. à l'intérieur des lieux loués sans l'autorisation du propriétaire.

Il semble qu'à l'heure actuelle il n'y ait aucune contestation possible sur ce point : un locataire a le droit et, aura toujours le droit d'installer, sans être tenu de demander l'autorisation du propriétaire, un poste de T. S. F. chez lui. Nous disons donc :

« *Article Ier*. — Tout locataire de tout ou partie d'un immeuble « d'habitation pourra à l'intérieur des lieux loués, en se conformant « aux prescriptions législatives ou réglementaires, installer et faire « usage d'appareils récepteurs et émetteurs de T.S.F. sans être tenu « de solliciter l'autorisation du propriétaire. »

Le second alinéa de ce même article est important :

« L'autorisation du propriétaire est nécessaire pour la pose de toute « antenne ou de tout dispositif d'antenne accessoire de poste à l'extérieur des lieux loués. »

L'article 2 dit :

« Au cas d'autorisation, il appartiendra au propriétaire d'indiquer « l'emplacement éventuel de l'antenne, en tenant compte, d'une part « de la commodité d'usage et d'entretien de l'immeuble, d'autre part

« des nécessités d'ordre technique afférentes au fonctionnement du « poste. En cas de désaccord, il sera procédé à une expertise ».

L'article 3 nous paraît essentiel, comme garantissant le locataire contre les abus possibles de la part du propriétaire.

« Le propriétaire donnera les raisons de son refus. S'il apparaît au « locataire que ce refus est de nature à léser sans motif légitime ses « intérêts, il lui appartiendra de réclamer devant les tribunaux compé« tents et de faire la preuve des faits allégués. Les tribunaux appré« cieront souverainement le bien fondé de sa demande. »

Au cours de la discussion, au sein du Comité qui a préparé ce texte, il nous a paru intéressant de noter qu'au cas où le propriétaire autorisera la pose d'une antenne, il ne saura se fonder sur cette autorisation et sur la présence d'une antenne à l'extérieur des locaux, pour réclamer une augmentation en vue d'une surprime d'assurance. En effet, tout au moins en France, le Syndicat des assurances à primes fixes a décidé que la pose d'une antenne sur le toit n'augmentait pas les risques d'incendie et qu'il n'y avait pas lieu à surprime. Nous avions en conséquence établi ce texte :

« Le propriétaire ne pourra se prévaloir de l'installation d'une « antenne extérieure autorisée pour exiger la majoration du loyer ou « des charges locatives. »

Si cet article a disparu de notre rédaction définitive, c'est qu'au cours d'une réunion préparatoire, il avait paru inutile de l'insérer, l'accord étant fait à ce sujet.

J'ai certainement oublié pas mal de points importants sur cette question, mais nous avons l'heureuse et bonne chance d'avoir parmi nous M. Trutié de Varreux, Président de la Chambre Syndicale française des Propriétaires, qui mettra volontiers au point ce que j'aurai pu laisser dans l'ombre.

M. le Président. — Messieurs, je remercie en votre nom, notre Rapporteur, pour le rapport si complet, si précis et si élégant qu'il nous a présenté.

Je donne la parole à M. Trutié de Vareux.

M. Trutié de Varreux (France). — Messieurs, il m'est particulièrement agréable de répondre au jeune et distingué rapporteur de la question qu'il a si élégamment exposée, mais il m'est également agréable de vous dire que si j'ai assisté d'une façon très assidue à vos séances, c'est que, voulant parler d'une question aussi délicate que celle qui est traitée ce matin, je tenais à connaître un peu la mentalité de l'ensemble du congrès.

Si je résume en quelques mots les travaux qui vous ont été soumis et la façon dont vous les avez traités, il me semble que, tout d'abord, vous avez exprimé cette idée primordiale de la liberté de l'éther ; liberté à laquelle vous avez donné une sorte de palliatif, souligné, je me plais à le reconnaître, par le distingué représentant de l'U.R.S.S., celui de la souveraineté de l'État.

Puis, vous avez examiné les différents droits de propriété et, pour défendre ces droits, vous avez eu ici des hommes éminents que des obligations particulières ont obligés d'être absents ce matin ; je le regrette tout particulièrement, en raison de la thèse que j'ai à soutenir.

Il n'en est pas moins vrai que ces hommes éminents ont soutenu des droits de propriété individuelle qui, je me plais encore à le souligner, sont reconnus même dans les pays représentés ici par MM. les Délégués de l'U.R.S.S. (Sourires). C'est vous en dire l'importance.

Je viens moi-même, non pas défendre, car ils n'ont pas été attaqués, mais présenter les aspects des droits de la propriété bâtie.

La législation internationale peut difficilement s'immiscer dans cette question de relations entre propriétaires et locataires ; c'est une question essentiellement nationale et non pas internationale. Je puis en parler, je crois, en connaissance de cause, car si je représente ici l'association des propriétaires parisiens, je représente aussi l'Union internationale de la propriété bâtie et je suis mandaté par 36 puissances qui m'ont donné, à cet égard, des renseignements qui prouvent que la question n'a pas encore été étudiée dans la très grande majorité des États.

L'ensemble des propriétaires d'Europe et d'Amérique — car nous avons l'honneur d'avoir l'Amérique avec nous — est tout disposé à tenir compte des suggestions que pourrait donner votre congrès à cette Union internationale. Mais, de grâce — et vous l'avez reconnu dès le début — ne rédigez pas des articles de lois, articles de lois qui pourraient être acceptés dans certaines nations mais qui ne pourraient pas l'être dans d'autres. Je puis vous affimer — et beaucoup de représentants qualifiés de certains pays présents ici seront de mon avis — que les articles de lois qui ont été présentés et rédigés à Paris ne cadreraient pas avec les législations, que je connais, de certains pays représentés ici.

Par conséquent, ce que je vous demande, c'est de traiter la question d'une façon absolument générale, d'émettre des vœux qui se rapportent à la question, mais qui ne lient aucune nation, car certaines nations seraient gênées pour introduire ces vœux dans leur législation nationale.

Je vais répondre maintenant aux différentes questions qui vous ont été présentées par notre Rapporteur.

Tout d'abord, il nous a parlé de la bienveillance du législateur à l'égard des locataires en ce qui concerne la pose des instruments relatifs à la radio-électricité. Cette bienveillance, dans beaucoup de pays, s'est étendue sur tant d'autres terrains qu'il serait inutile d'insister ; j'en appelle à l'U. R. S. S., à l'Autriche, j'en appellerai à toutes les autres nations. Par conséquent, cette bienveillance ne fait aucun doute ; dans tous les pays on a été particuculièrement bienveillant à l'égard des droits du locataire. Je n'insiste pas; mais j'insiste sur les dispositions légales dont nous parlait tout-à-l'heure le Rapporteur. Il nous disait que les différentes parties de l'immeuble, telles que la cour, la façade étaient à la disposition du locataire. Ceci, il me permettra de le lui dire, n'est pas exact. Même lorsqu'on loue à un commerçant, il faut, pour qu'il ait le droit de mettre une enseigne sur sa boutique, en France, que ceci soit parfaitement spécifié. Le fait d'avoir un local, même à usage commercial, n'implique pas pour le locataire le droit absolu de profiter de la façade pour y mettre ce qu'il désire. Ce point n'est pas douteux. De même qu'une cour est à la disposition des locataires, sans doute, mais ne peut être mise à la disposition de l'un d'eux pour y installer ce qu'il désire, soit des antennes, soit autre chose ; mais ce sont là de petites chicanes. En réalité, on voudrait, comme le disait très bien le rapporteur, empêcher qu'un propriétaire grincheux — et on représente toujours ainsi le propriétaire — s'oppose à la facilité de l'usage de la radiophonie, à certaines commodités personnelles du locataire.

— Eh ! bien, messieurs, j'ai fait, personnellement, une campagne sur le rôle social du propriétaire et j'estime qu'il entre dans son rôle social de faciliter l'essor de la science et, par conséquent, en particulier, de la radiophonie. Mais il ne faudrait pas, que sous prétexte de faciliter cet essor, on atteigne un droit de propriété qui a déjà été lézardé de tous les côtés dans les plus grand pays du monde. Il ne faut pas que d'un congrès comme le nôtre, il ressorte cette impression que nous voulons attaquer ce droit.

Ce que je demande, c'est que vous posiez un principe, que vous fassiez appel à l'esprit des propriétaires, pour qu'ils favorisent l'essor même de la science actuelle dont vous avez adopté les fins, et qu'en même temps on rappelle aux usagers qu'ils resteront, en tous cas, responsables de toutes les conséquences d'une installation qu'ils auraient sollicitée.

C'est dans ce but de conciliation générale que je vais vous proposer un texte de vœu que je remettrai ensuite à M. le Président pour qu'il soit soumis à votre discussion et, le cas échéant, à votre vote.

« Le Congrès émet le vœu que, dans le cadre de sa législation, « chaque nation réglemente les rapports entre propriétaires et loca- « taire en ce qui concerne l'usage de la T.S.F. et, notamment, la « pose des dispositifs qu'elle nécessite. »

C'est un premier point : c'est à chaque nation qu'il appartient de réglementer la question.

« Que les propriétaires d'immeubles secondent l'utilisation de la « T.S.F. et encouragent son essor en évitant d'opposer des refus « d'installation privée qui ne seraient pas justifiés. »

Nous ne pouvons pas imposer aux propriétaires d'accorder, dans tous les cas, la pose de la T. S. F., attendu, comme le faisait d'ailleurs ressortir le Rapporteur que, même au point de vue technique, il n'est pas possible d'accorder l'autorisation aux 80 locataires d'un immeuble — je connais des immeubles où il y a jusqu'à 90 locataires ! — d'utiliser les cours et les toits pour poser des antennes. Il y a des cas d'espèce; mais disons aux propriétaires qu'ils doivent encourager l'essor de la T.S.F. et, notamment, ne pas opposer de refus d'installations qui ne seraient pas justifiés. Et alors je donne satisfaction au Rapporteur quand il dit : nous voulons éviter de nous heurter à la mauvaise volonté de ce propriétaire grincheux que nous connaissons tous, mais qui se fait de plus en plus rare :

« Que les usagers restent entièrement responsables de toutes les « conséquences de l'installation qu'ils auraient sollicitée. »

Alors, ceci peut s'adresser à toutes les puissances en donnant l'esprit général qui a dominé les travaux de ce congrès ; mais nous ne lions pas les puissances par des articles de lois qui pourraient ne pas cadrer avec leur mentalité et plus particulièrement, avec leur législation.

Je termine en vous donnant les résultats d'une enquête que j'ai faite dans l'ensemble des pays dont j'ai l'honneur d'être le mandataire.

Actuellement, la question des relations entre propriétaires et locataires, au sujet de la T. S. F. ne s'est pas encore posée, sauf dans la Lettonie, où l'article 25 de la loi sur les loyers dispose :

« Le propriétaire n'a pas le droit de défendre au locataire d'ins- « taller dans son logement un appareil récepteur de radiophonie, de « poser des antennes ni d'installer un téléphone... »

Mais vous allez voir les restrictions qui montrent que la Lettonie, comme beaucoup de pays, favorise le développement de la radiophonie, mais y met toutefois des conditions :

« ...si le locataire a l'autorisation de l'administration générale des « Postes et Télégraphes et si l'installation est faite conformément aux « dispositions et indications de cette administration générale. »

Il y a, à ce point de vue, une autorisation comme en France pour le gaz et l'électricité.

En Turquie, on vient seulement d'installer la radiophonie et il y a un poste central qui communique avec plusieurs postes dans le pays. On loue les appareils aux particuliers qui paient une redevance comme on semble le faire en Pologne. Enfin, j'ai reçu une communication de M. Da Pena, d'Espagne, et du Consul Italien, vice-Président de l'Union Internationale de la propriété bâtie, qui me font connaître que, dans leurs pays, aucune réglementation n'est encore intervenue au sujet des relations entre propriétaires et locataires. C'est vous dire que ces messieurs sont tout disposés à recevoir les suggestions du Congrès, en tant qu'elles pourront cadrer avec la mentalité et la législation de leurs pays respectifs.

Messieurs, j'en ai terminé, et je remets le vœu dont je vous ai donné lecture à M. le Président.

M. LE PRÉSIDENT. — Messieurs, vous avez entendu la lecture des textes proposés par le Comité. A ce texte est opposé, en somme, un texte nouveau qui, lui aussi, tient compte de la volonté qui s'est affirmée dans ce congrès d'émettre plutôt des vœux que de voter des articles de lois.

Je vous serais obligé de vous exprimer d'abord sur le principe lui-même.

La parole est à M. Hirschfeld.

M. HIRSCHFELD (U. R. S. S.). — Messieurs, dans cette question, qui est assez importante, il y a trois choses à considérer : 1° le principe ; 2° la législation ; 3° enfin, la pratique.

J'ai parlé hier de cette question, avec M. Trutié de Varreux et nous étions d'accord pour reconnaître qu'il serait peut-être difficile et qu'il ne serait peut-être pas rationnel de créer une législation aussi précise à ce sujet, car cette législation a un caractère vraiment trop interne. Nous étions d'accord qu'il conviendrait d'émettre un vœu.

Mais, en ce qui concerne les points de vue exposés par M. Trutié de Vareux, je ne suis pas d'accord avec lui.

La pratique, dans les différents pays, est très variée ; c'est évident. La pratique, chez nous, diffère d'une manière assez considérable de celle des autres pays, parce que notre système économique, notre système social ne permet pas de faire des comparaisons. Mais, tout de même, il est évident que, étant donné le nombre des propriétés bâties et la nature de cette propriété, on doit simplifier les rapports entre les locataires et les propriétaires. C'est pour cela que chez nous la pratique des installations de T. S. F. est très simple, de même que la législation. En ce qui concerne l'installation des appareils, vous devez simplement avoir l'autorisation de l'administration des P. T. T.

Pour les antennes extérieures, cette question est également tranchée d'une manière assez simple ; c'est-à-dire que c'est plutôt une question de pratique qu'une question juridique ; cela dépend du nombre des locataires, de la possibilité technique, pratique, d'installer tel ou tel nombre d'antennes.

M. Trutié de Varreux a parlé de la bienveillance envers les locataires ; la bienveillance, comme toutes les choses de cette nature, est très relative. Or, M. Trutié de Varreux a dit : chez nous, la bienveillance est toujours très grande ; mais, tout de même, la bienveillance, c'est quelque chose de vague et pour que la bienveillance se traduise par des faits, il faut qu'elle soit basée sur une législation assez précise. C'est pourquoi, tout en émettant un vœu, il faut préciser les accords entre propriétaires et locataires, et la Délégation soviétique croit que, tout de même, les droits du propriétaire et du locataire, dans la plupart des pays, ne sont pas égaux et que le propriétaire, presque toujours, se trouve dans une situation plus favorable que le locataire.

M. Trutié de Varreux. — Pas chez nous !

M. Hirschfeld (U. R. S. S.). — M. Trutié de Varreux nous a dit : est-ce que vous voulez attaquer les droits des propriétaires ? Non, nous ne voulons pas attaquer les droits des propriétaires ; nous voulons simplement protéger les droits des locataires. C'est une différence assez considérable.

Voilà pourquoi j'estime que dans les propositions du rapporteur il y a un principe qui est le plus important, c'est celui qui se trouve exprimé dans l'article 3 :

« Le propriétaire donnera les raisons de son refus. S'il apparait au « locataire que ce refus est de nature à léser sans motif légitime ses « intérêts, il lui appartiendra de réclamer devant les tribunaux com« pétents et de faire la preuve des faits allégués. Les tribunaux appré« cieront souverainement le bien fondé de sa demande. »

On doit donc émettre le vœu : 1° que les rapports entre locataires et propriétaires soient réglementés par la législation nationale ; 2° que le principe de la liberté domine sous la forme des droits du locataire. M. Trutié de Varreux nous a dit que les propriétaires étaient toujours en faveur du progrès : on pourrait d'autant mieux préciser leur tendance vers le progrès, en indiquant dans un vœu que les avantages doivent être du côté du locataire ; autrement dit, le propriétaire s'inspirant de cette idée de progrès, doit donner au locataire toutes facilités pour faire les installations nécessaires.

Il y a ensuite la question des installations intérieures. En ce qui concerne les appareils de réception, je crois que nous pourrions préciser qu'il y a pleine liberté, qu'on ne doit s'adresser, pour l'autorisation qu'aux autorités administratives et non pas au propriétaire.

Reste la question des antennes. Dans ce cas, évidemment, il y a des empêchements d'ordre pratique et d'ordre technique ; mais, tout de même, je le répète, dans le vœu que nous allons émettre, deux principes doivent être mentionnés : 1° les rapports entre propriétaire et locataire doivent être réglementés ; 2° la législation doit être favorable au développement de la T. S. F., c'est-à-dire qu'il ne doit pas y avoir d'empêchement, autant que possible, à l'établissement des antennes.

M. Trutié de Varreux. — C'est ce que j'ai dit.

M. de Lapradelle, *rapporteur*. — J'ajoute que je suis en parfait accord avec le vœu exprimé par M. Trutié de Varreux.

M. le Président. — M. Hirschfeld vient de faire des déclarations qui entrent dans les vues de M. Trutié de Varreux dont le rapporteur accepte le texte.

Nous sommes donc tous d'accord et puisque le rapporteur accepte, il n'y aurait plus qu'à constater cet accord par un vote.

M. Konic (Pologne). — Dans son intéressante communication, M. Trutié de Varreux a prétendu que la législation française et, surtout, si j'ai bien compris, la jurisprudence n'admettait pas que le commerçant, en ce qui concerne les enseignes, ait le droit de faire usage de la façade de l'immeuble loué, sans la permission du propriétaire.

Je crois, monsieur, que vous vous trompez. Notre législation, en Pologne, sous ce rapport, est la même que celle de la France. Je ne sais pas si vous le savez, mais nous avons le Code Napoléon. En ce qui concerne, notamment, le contrat de louage, la jurisprudence française est très intéressante pour nous et nous l'étudions. Cette jurisprudence a été publiée dans la Revue de Droit Civil. Qu'il me soit permis d'en extraire l'exemple suivant.

Un locataire a passé un contrat de louage avec un propriétaire ; en outre, il a passé un contrat spécial qui lui a permis de se servir de toute la façade de l'immeuble pour poser son enseigne...

M. Trutié de Varreux. — Si vous passez un contrat particulier, évidemment !

nismo, on nous dira : si tout le reste de vos appréciations est établi sur le même canevas, vos vœux n'ont pas grande importance !

C'est le système du peintre romain qui disait à son cordonnier : « Ne va pas plus haut que la chaussure dans la critique de mon tableau ! »

Nous ne voulons pas nous occuper d'urbanisme. J'adopterais le vœu de M. Eichenwalt dans une autre enceinte, mais pas ici.

M. Eichenwalt (U.R.S.S.). — Je ne soutiens pas mon texte, mais j'estime que cela pouvait être dit ici en ce moment.

M. le Président. — Alors, nous devons considérer les déclarations faites par M. Eichenwalt comme une observation sur un sujet connexe et puisqu'il n'y a pas d'opposition, je mets aux voix le vœu de M. Trutié de Varreux. (*Le vœu est adopté.*)

Ce vœu remplacera les textes qui figurent au programme du Congrès.

Messieurs, nous sommes ainsi arrivés au terme de nos travaux.

Avant de nous séparer, je désire donner la parole à notre secrétaire général, M. Homburg, auquel je voudrais exprimer, en votre nom, notre plus entière reconnaissance pour le travail si consciencieux, si étudié, si fouillé, qu'il a présenté. Il a été l'animateur de nos travaux. Je désire lui donner la parole pour qu'il nous fournisse quelques explications. (*Applaudissements.*)

M. Homburg. — La question qui se pose maintenant, car nous entrons dans la séance de clôture, est celle de notre prochain congrès et des travaux qui devront lui être soumis.

Vous savez que si nous sommes réunis à Genève et non en Italie, ce n'est qu'en raison de la maladie de M. le Conseiller d'Etat Giannini, qui préparait l'organisation du congrès à Rome. L'invitation du Gouvernement Italien est maintenue et elle vient de nous être renouvelée, sous une forme précise, par une lettre que j'ai reçue hier et dans laquelle le Gouvernement Italien nous demande de fixer la date de notre prochain Congrès pour l'automne 1928, c'est-à-dire au mois d'octobre. Il nous demande, d'autre part, de nous prononcer le plus tôt possible sur les travaux qui seront soumis à ce congrès, travaux qui, comme vous le savez, doivent être examinés préalablement par tous les comités nationaux de votre comité international.

Quelqu'un a-t-il des suggestions à faire pour la date et pour l'ordre des travaux ?

M. Pittard (Suisse). — Je demande que ce soit avant le 15 octobre si c'est possible.

M. Nussbaum (Suisse). — Une simple observation : nous avons

tenu un Congrès du Comité consultatif technique télégraphique à Berlin et il a été décidé que le prochain congrès aurait lieu en Italie, cette année, en 1927. Seulement, ce congrès, du fait des préoccupations occasionnées par l'exposition de Côme, a été renvoyé en 1928 et il va avoir lieu à Rome puisque j'ai eu le plaisir de revoir parmi les délégués des différentes administrations des délégués dont j'ai eu le plaisir de faire la connaissance à Berlin, il serait peut-être avantageux de tenir compte de ces deux congrès quant à la fixation de la date, pour que certains puissent profiter de la circonstance et assister aux deux réunions.

M. Hirschfeld (U. R. S. S). — Nous sommes entièrement d'accord avec M. Nussbaum.

M. le Président. — Il s'agit donc de fixer la date du prochain congrès.

Quelqu'un a-t-il une observation à présenter à ce sujet ?

M. Pittard (Suisse). — Je propose avant le 15 octobre.

M. le Président. — C'est entendu, en tenant compte de la date à laquelle doit avoir lieu le Congrès Technique des communications télégraphiques, nous prendrons la date du 15.

M. Homburg. — La date est fixée par le Gouvernement Italien ; nous lui transmettrons les suggestions du Congrès.

M. le Président. — Par conséquent, le congrès émet le vœu que le prochain congrès ait lieu avant le 15 octobre. (*Adopté.*)

M. Homburg. — En ce qui concerne l'ordre du jour y a-t-il des questions qui vous intéressent plus particulièrement ou qui intéressent vos Comités ?

M. le Président. — Le programme pourrait être établi plus tard.

M. Homburg. — C'est le Comité qui va fixer l'ordre du jour, mais si quelqu'un a des suggestions à formuler...

M. Pittard (Suisse). — Est-ce que ce n'est pas le congrès de Washington qui va fournir la principale matière ?

M. Homburg. — C'est possible, mais en dehors de cela il peut y avoir des questions particulièrement intéressantes ou urgentes.

M. le Président. — On peut recommander aux délégués présents de transmettre au Comité les suggestions qui les intéresseraient.

Messieurs, vous me permettrez de vous souhaiter un bon retour et un voyage agréable pour regagner vos foyers.

Nous avons eu le plaisir de vous recevoir à Genève avec une simplicité commandée par les événements et aussi par le peu de temps dont nous pouvions disposer.

Nous espérons que, malgré l'extrême chaleur, vous remporterez de ces quelques journées passées ensemble, comme nous-mêmes, un bon souvenir. (*Applaudissements.*)

M. Konic (Pologne). — Messieurs, je crois que je serai votre interprète à tous, en remerciant notre Président et en le félicitant pour sa clairvoyance, son autorité, sa grande patience : ce sont là des qualités essentielles à un Président. Je suis persuadé que vous vous associerez à moi pour le remercier et le féliciter. (*Applaudissements.*)

(*La séance est levée à 11 heures.*)

TEXTES PROPOSÉS

I. Examen du projet de convention de Washington

A) Liberté de l'éther. ART. 23, DU PROJET DE CONVENTION. — L'éther est libre. Sans préjudice du droit de réglementation qui appartient à chaque État, l'usage de cette liberté ne doit pas avoir pour effet de troubler l'ordre public, de porter atteinte à la sûreté des États, d'empêcher l'application des mesures propres à assurer la sauvegarde de la vie humaine ou d'apporter de gêne à la liberté des communications tant internes qu'internationales. (*Article 1er du Projet du Congrès de Paris du C. I. T. S. F.*).

B) Transmission des communications. ART. 4, DU PROJET DE CONVENTION. — Les Hautes Parties contractantes, s'engagent à prendre toutes mesures compatibles avec le système de communication adopté par elles en vue d'assurer la bonne transmission des communications.

ART. 5, DU PROJET DE CONVENTION. — Elles déclarent n'accepter de responsabilité relativement au service international télégraphique ou radiotélégraphique ou relativement au contenu des télégrammes ou radiotélégrammes internationaux que dans la mesure où cette responsabilité reste ou restera admise pour les autres modes de communication.

VŒU ANNEXE : Il est désirable que les communications assurées par les services de l'État soient soumises à la responsabilité de droit commun.

C) Secret des communications. VŒU : Les définitions du langage chiffré, du langage connu et du langage secret contenues dans le règlement annexe de la Convention télégraphique de Saint-Pétersbourg de 1875 sont applicables à la T. S. F.

ART. 4, DU PROJET DE CONVENTION. — Les Hautes Parties contractantes s'engagent à prendre toutes les mesures compatibles avec le système de communication adopté par elles, en vue d'assurer le secret des communications.

Cette obligation ne peut se rapporter qu'aux dispositions qu'elles doivent prendre en vue d'édicter des sanctions applicables à la captation et à la divulgation illicites des communications, que celles-ci soient assurées en langage clair ou en langage secret.

ART. 8, DU PROJET DE CONVENTION. — Les télégrammes d'État et de service peuvent être envoyés en langage secret dans toutes les relations télégraphiques.

Les télégrammes privés peuvent être échangés en langage secret lorsque le destinataire et l'expéditeur se trouvent chacun dans un pays admettant cette catégorie de correspondance.

Les États qui autoriseront le langage secret dans les télégrammes privés pourront s'en faire communiquer la clé.

En aucun cas, le langage secret ne pourra être autorisé si un destinataire n'est pas indiqué.

Les installations de réception automatique seront soumises à l'autorisation préalable de l'Administration.

Les États qui n'admettent pas les télégrammes privés en langage secret, originaires ou à destination de leur territoire doivent les laisser circuler en transit par fil, sauf le cas de suspension du service défini à l'article 10.

D) Sécurité de la vie humaine. ART. XCIV DU PROJET DE RÈGLEMENT. — *Vœux annexes.* Il est désirable qu'un même signal de détresse soit uniformément adopté par les États sur terre, sur mer et dans l'air.

Il est désirable que les États prennent l'engagement de réprimer les abus qui pourraient se produire dans l'utilisation des signaux de détresse.

E) Diffusion des nouvelles. ART. LVI DU PROJET DE RÈGLEMENT. — (*Cf. Infra* : Textes proposés sur « l'Utilisation commerciale des émissions radioélectriques »).

F) Droit de vote des États. — ART. 22 DU PROJET DE CONVENTION. — *Vœu annexe.* Chaque État aura un nombre de voix proportionnel à son importance économique.

II. Propriété intellectuelle, littéraire et artistique

ART. 1. — Le droit de propriété intellectuelle reconnu par la Convention internationale de Berne de 1886 sur la protection des droits des auteurs, révisée à Berlin en 1908, s'applique à la diffusion des œuvres intellectuelles par tout mode de transmission ou d'exécution. Il s'applique, par suite, avec toutes ses conséquences, à leur diffusion radioélectrique. (*Art. 2, du projet du Congrès de Paris du C. I. T. S. F.*)

Dès lors, les auteurs d'œuvres littéraires ou artistiques jouissent du droit exclusif d'autoriser l'émission et la communication de leurs œuvres au public par la télégraphie ou la téléphonie avec ou sans fil ou par tout autre moyen analogue servant à transmettre les sons ou les images.

ART. 2. — Les droits sont dus par tous propriétaires ou exploitants de postes de réception dans un lieu public.

Ils sont dûs également par tous postes émetteurs ou de relai pour toute radiodiffusion d'œuvres intellectuelles, littéraires ou artistiques ; ils sont dans ce cas proportionnels à la puissance du poste et à la densité de la population se trouvant dans le rayon moyen d'action de ce poste.

ART. 3. — La répartition des droits est faite entre les auteurs, compositeurs, orateurs et conférenciers proportionnellement à la durée de transmission totale ou partielle de leurs œuvres.

III. Propriété commerciale et industrielle

ART. 1. — Aucune utilisation commerciale d'une émission radioélectrique, quelque forme qu'elle revête, ne peut se faire qu'avec l'approbation de l'émetteur.

ART. 2. — Toute utilisation commerciale d'une émission radioélectrique sans l'approbation préalable de l'émetteur constitue un fait de concurrence déloyale.

ART. 3. — La répression de la concurrence déloyale en matière d'utilitasion commerciale d'une émission radioélectrique sera assurée conformément aux dispositions de la Convention internationale pour la protection industrielle et commerciale signée à Paris en 1883, et révisée à Bruxelles, à Washington et à La Haye.

IV. Droits des propriétaires et locataires en matière d'installations radioélectriques

ART. 1. — Tout locataire de tout ou partie d'un immeuble d'habitation pourra, à l'intérieur des lieux loués, en se conformant aux prescriptions législatives ou réglementaires, installer et faire usage d'appareils récepteurs et émetteurs de T. S. F., sans être tenu de solliciter l'autorisation du propriétaire.

L'autorisation du propriétaire est nécessaire pour la pose de toute antenne ou de tout dispositif d'antenne accessoire de poste à l'extérieur des lieux loués.

ART. 2. — Au cas d'autorisation, il appartiendra au propriétaire d'indiquer l'emplacement éventuel de l'antenne, en tenant compte, d'une part, de la commodité d'usage et d'entretien de l'immeuble, d'autre part des nécessités d'ordre technique afférentes au fonctionnement du poste. En cas de désaccord, il sera procédé à une expertise.

ART. 3. — Le propriétaire donnera les raisons de son refus. S'il apparait au locataire que ce refus est de nature à léser sans motif légitime ses intérêts, il lui appartiendra de réclamer devant les tribunaux compétents et de faire la preuve des faits allégués. Les tribunaux apprécieront souverainement le bien-fondé de sa demande.

ART. 4. — Le propriétaire ne pourra se prévaloir de l'installation d'une antenne extérieure autorisée pour exiger la majoration du loyer ou des charges locatives.

ART. 5. — Le locataire sera tenu de réparer tout dommage survenu aux personnes ou aux biens du fait de l'installation et du fonctionnement de son poste ; il devra prendre les précautions d'usage lors de l'installation du poste et pendant la durée de son fonctionnement ; il devra en outre procéder à l'enlèvement de l'antenne en quittant les lieux loués.

RÉSOLUTIONS VOTÉES

TEXTE FRANÇAIS

I. EXAMEN DU PROJET DE CONVENTION DE WASHINGTON

Le Congrès émet le vœu :

Que les gouvernements envisagent une refonte des projets de révision de la convention de Washington, en y prévoyant l'étude des diverses applications de la radio-électricité (radio-télégraphie, radio-téléphonie et radio-télévision), tant au point de vue des radio-communications qu'au point de vue des radio-diffusions.

Que, dans la présentation des textes à adopter, les questions soient groupées par chapitres, de manière qu'elles soient présentées sous des titres distincts :

Principes généraux,
Transmission des communications,
Secret des communications,
Mode d'exécution de la Convention.

II. LIBERTÉ DE L'ÉTHER

Le Congrès émet le vœu :

Que l'utilisation des ondes radio-électriques, quelle qu'en soit la forme, soit libre sans préjudice du droit de réglementation qui appartient à chaque État.

III. TRANSMISSION DES COMMUNICATIONS

Le Congrès émet le vœu :

Que les États soient soumis à une responsabilité limitée et précisée relativement au service international des communications avec ou sans fil.

IV. SECRET DES COMMUNICATIONS

Le Congrès émet le vœu que les définitions de langage clair et de langage secret (chiffré ou codé) contenues dans le règlement annexe de la Convention télégraphique de Saint-Pétersbourg de 1875 soient applicables aux émissions radio-électriques.

Que les Hautes Parties Contractantes s'engagent à prendre toutes les mesures compatibles avec le système de communication adopté par elles, en vue d'assurer le secret des communications.

Cette obligation ne peut se rapporter qu'aux dispositions qu'elles doivent prendre en vue d'édicter des sanctions applicables à la captation et à la divulgation illicites des communications, que celles-ci soient assurées en langage clair ou en langage secret.

Que les télégrammes d'État et de service puissent être envoyés en langage secret dans toutes les relations télégraphiques.

Que les télégrammes privés puissent être échangés en langage secret lorsque le destinataire et l'expéditeur se trouvent chacun dans un pays admettant cette catégorie de correspondance.

Que les États qui autoriseront le langage secret dans les télégrammes privés pourront s'en faire communiquer la clé.

Qu'en aucun cas, le langage secret ne pourra être autorisé si un destinataire n'y est pas indiqué.

Que les installations de réception automatique soient soumises à l'autorisation préalable de l'administration.

Que les États qui n'admettent pas les télégrammes privés en langage secret, originaires ou à destination de leur territoire, soient tenus de les laisser circuler en transit par fil, sauf le cas de suspension du service autorisé.

V. TRANSMISSION DES NOUVELLES

Le Congrès émet le vœu que les États envisagent les moyens de prévenir et de réprimer l'émission des fausses nouvelles.

VI. SÉCURITÉ DE LA VIE HUMAINE

Le Congrès émet le vœu que de mêmes signaux de détresse, ayant les mêmes caractéristiques techniques soient uniformément adoptés par les États sur terre, sur mer et dans l'air.

Que les États prennent l'engagement de réprimer les abus qui pourraient se produire dans l'utilisation des signaux de détresse.

VII. DROIT DE VOTE DES ÉTATS

Le Congrès émet le vœu que le vote des États soit basé sur le principe de l'égalité.

VIII. PROPRIÉTÉ COMMERCIALE ET INDUSTRIELLE

Le Congrès émet le vœu qu'aucune retransmission électrique ou radio-électrique et qu'aucune reproduction dans un but commercial d'une émission radio-électrique, quelque forme qu'elle revête, ne puisse se faire sans une entente préalable avec l'émetteur.

Que les États contractants s'engagent à réprimer toute violation des principes admis comme de tous actes de concurrence déloyale, par des sanctions civiles ou pénales qui devront être prévues par la législation de chacun des pays contractants.

IX. PROPRIÉTÉ INTELLECTUELLE, LITTÉRAIRE ET ARTISTIQUE

Le Congrès confirmant le vœu adopté au premier Congrès juridique international de Paris en 1925 que le droit de propriété intellectuelle reconnu par la Convention de Berne de 1886 sur la protection du droit d'auteur révisée à Berlin en 1908, s'applique à la diffusion de toutes les œuvres intellectuelles par tous modes de transmission ou d'exécution, et par suite, avec toutes ses conséquences, à leur diffusion par radiophonie.

Émet en conséquence le vœu que la Convention de Berne soit complétée par un nouvel article 11 *bis* ainsi conçu :

Les auteurs d'une production du domaine littéraire, scientifique, cinématographique ou artistique jouissent du droit exclusif d'en autoriser la communication ou la diffusion par la télégraphie ou la téléphonie, avec ou sans fil, ou par tout autre moyen analogue servant à transmettre les sons ou les images.

Les droits sont dus par tous les exploitants de postes d'émission, de relai ou de transmission, pour toute radio-diffusion des œuvres protégées.

X. DROITS DES PROPRIÉTAIRES ET LOCATAIRES EN MATIÈRE D'INSTALLATIONS RADIO-ÉLECTRIQUES

Le Congrès émet le vœu que dans le cadre de sa législation chaque État réglemente les rapports entre propriétaires et locataires en ce qui concerne l'usage de la T. S. F. et notamment la pose des dispositifs qu'elle nécessite, que les propriétaires d'immeubles secondent l'utilisation de la T. S. F. et encouragent son essort en évitant d'opposer des refus d'installation privée qui ne seraient pas justifiés, que les usagers soient entièrement responsables de toutes les conséquences de l'installation qu'ils auraient sollicitée.

RÉSOLUTIONS VOTÉES

TEXTE ANGLAIS

I. Examination of the principles of the Washington convention

The Congress expresses the hope :

That the Governments interested will reconsider the existing projects for the Washington Conference and examine the different applications of radio-electricity (radio-communication), — which are radio telegraphy, radio-telephony and radio-television, from the point of view both from the problem of radio communication and of radio-broadcasting.

That in the presentation of the texts to be adopted, the questions be grouped by titles, so that they shall be presented under distinctive heads :

Fundamental principles.

Transmission of communications.

Secrecy.

Means of executing the Convention.

II. Liberty of the ether

The Congress expresses the hope

That the utilization of the electromagnetic waves et radio frequencies shall be free, but the application of the principles of freedom shall be without prejudice to the right of each individual State to regulate and control.

III. Transmission of communications

The Congress expresses the hope :

That the States should assume a limited and defined responsability towards international communication services, whether these are established by means of wire or radio.

IV. Secrecy of communications

The Congress expresses the hope

That the definitions of clear language and secret language (code or cipher language) which are contained in the regulations annexed to the Telegraphic Convention of Saint-Pétersbourg of 1875, be applicable to Radio Conventions.

That the High Contracting parties undertake to do everything in their power, compatible with the present system of communications adopted by them, in order to provide for the secrecy of the communications.

That this obligation only refers to the obligation of the government to punish the illegal taking and divulging of communications which are either in plain language or in secret language.

That the official telegrams may be sent in secret language in all countries.

That private telegrams can be interchanged in secret language where the receiver and the sender are in a country which admits this sort of correspondence.

That the States which authorize the use of secret language in private telegrams may require the key of such language.

That in no countries can secret language be authorized if the receiver's name is not given.

That the installation of automatic receiving stations wil be subject to prior authorisation of the administration.

That the States which do not admit secret language for private telegrams, either emanating from or addressed to persons in their territory, are bound to admit such messages to pass in transit by wire, except the case of suspension in the service, as authorized.

V. Transmission of news

The Congress expresses the hope :

That the States will study ways and means to prevent and repress the transmission of false news.

VI. Security of human life

The Congress expresses the hope :

That all States shall adopt uniform signals of distress, having the same technical characteristics for use on land, at sea and in the air.

That States should bind tehmselves to check all abusive use of the signals of distress.

VII. Vote of the States

The Congress expresses the hope :

That the vote of States shall be based on the principle of equality.

VIII. Commercial and industrial property

The Congress expresses the hope

That no retransmission, electric or radio-electric and that no reproduction for commercial profit of a radio-emission, in whatever from sent out, can be transmitted without prior authorization.

That the Governments be required to punish every violation of the admitted principles, and any act constituting illegal competition.

IX. Intellectual, litterary and artistic copyright

The Congress affirms the hope, which has been adopted by the First International Juridic Congress at Paris in 1925 that :

The right in intellectual property recognized by the Berne Convention of 1886 on the protection of Author's Right revised at Berlin in 1908, applies to tho diffusion of intellectual works by all means of transmission or of performances. It applies therefore with all its consequences to diffusion by radio.

The Congress, in consequence of thereof, hopes that the Convention of Berne be applied by a new article No 11 bis, as follows :

The authors of a literary, artistic, cinematographic or, scientific production, have the exclusive right to authorize the communication or the diffusion by telegraph or telephone, wire or without wire, or by every other similar means of transmitting sounds or images.

Royalties must be paid by all the stations transmitting relaying or re-transmitting, for every radio-diffusion of the protected production.

X. Rights of landlords and tenants in the matter of installation of radio-apparatus

The Congress expresses the hope :

That, in the limits of its legislation, each State shall regulate the rights of landlords and tenants in the matter of radio utilization, and especially the establishment of necessary apparatus.

That the landlords favor the utilization of radio and its progress, in not unjustifiably opposing or refusing the installation of apparatus by the tenants.

The user of radio apparatus will be held fully responsible for all the consequences of the installation of such apparatus.

RÉSOLUTIONS VOTÉES

TEXTE ITALIEN

I. Esame del progetto di convenzione di Washington.

Il Congresso emette il voto :

Che i Governi intraprendano una rifusione del progetto di revisione della convensione di Washington, prevedendosi lo studio delle diverse applicazioni della radioelettricità (radiotelegrafia, radiotelefonia, radiotelevisione), tanto dal punto di vista delle radiocomunicazioni che dal punto di vista della radiodiffusione.

Che nella presentazione dei testi da adottare, le questioni siona raggruppate per capitoli, in modo che siano presentate sotto titoli distinti :

Principi generali.

Trasmissione delle comunicazioni.

Segreto delle comunicazioni.

Modi di esecuzione della convenzione.

II. Libertà dell'etere.

Il Congresso emette il voto :

Che l'utilizzazione delle onde radioelettriche, quale che sia la forma, sia libera, senza pregiudizio del diritto di regolamentazione che appartiene a ogni Stato.

III. Trasmissione delle comunicazioni.

Il Congresso emette il voto :

Che gli Stati siano sottoposti a una responsabilità limitata e precisata relativamente al servizio internazionale delle comunicazioni con o senza filo.

IV. Segreto delle comunicazioni.

Il Congresso emette il voto :

Che le definizioni di linguaggio chiaro e di linguaggio segreto (cifrato o codificato) contenuto nel regolamento annesso alla convenzione telegrafica di Pietroburgo del 1875 siano applicabili alle emissioni radioelettriche, che gli Stati si impegnino a prendere tutte le misure compatibili con sistema di comunicazioni adottate da essi allo scopo di assicurare il segretto delle communicazioni.

Che questa obbligazione non possa riferirsi che alle disposizioni che essi devono prendere allo scopo di emanare sanzioni applicabili alla captazione ed alla divulgazione illecita dell comunicazioni sia, che queste siano effettuate in linguaggio chiaro che in linguaggio segreto.

Che i telegrammi di Stato e di servizi possano essere inviati in linguaggio segreto in tutte le relazioni telegrafiche.

Che i telegrammi privati possano essere scambiati in linguaggio segreto allorche il destinatario o lo speditore si trovino ciascuno in un Paese chiaammetta questa categoria di corrispondenza.

Che gli Stati che autorizzano il linguaggio segreto nei telegrammi privati se ne possano far comunicare la chiave.

Che in alcun caso possa essere autorizzato il linguaggio segreto se un destinatario non é indicato.

Che le installazioni di ricezioue automatica siano sottoposte alla preventiva autorizzazione dell'amministrazione.

Che gli Stati che non ammettono telegrammi privati in linguaggio segreto, originari o a destinazione del suo territorio debbano lasciarli circolare in transito per filo, salvo il caso di soppressione di servizio.

V. Diffusione di notizie.

Il Congresso emette il voto :

Che gli Stati adottino i mezzi per prevenire e reprimere l'emissione di notizie false.

VI. Sicurezza della vita umana.

Il Congresso emette il voto :

Che gli stessi segnali di pericolo, aventi le stesse caratteristiche tecniche, siano uniformemente adottati dagli Stati per terra per mare e per l'aria.

Che gli Stati prendano l'impegno di reprimere gli abusi che potessero prodursi nell'utilizzazione dei segnali di pericolo.

VII. Diritto di voto degli Stati.

Il Congresso emettte il voto :

Che il visto degli Stati sia basato sul principio dell'eguaglianza

VIII. Proprietà commerciale e industriale

Il Congresso emette il voto :

Che niuna ritrasmissione elettrica o radioelettrica e che alcuna riproduzione a scopo commerciale di un'emissione radioelettrica, qualunque forma rivesta, possa farsi senza una preventiva intesa con l'emittente.

Che gli Stati contraenti si impegnino a reprimere ogni violazione dei principi ammessi, come ogni atto di concorrensa sleale, con sanzioni civili o penali, le quali dovranno essere previste dalla legislazione di ciascun Paese contraente.

IX. Proprietà intellettuale, letterario e artistica.

Il Congresso confermando il voto emesso nel primo congresso giuridico internazionale della T. S. F. riunito a Parigi nel 1925 dal Comitato internazionale della T. S. F.

Che il diritto di proprietà intellettuale riconosciuto dalla convenzione internazionale di Berna del 1886 sulla protezione dei diritti di autore, rivista a Berlino nel 1908, si applica alla diffusione delle opere intellettuali con ogni mezzo di trasmissione o di esecuzione e che si applica perciò, con tutte le sue conseguenze, alla loro diffusione radioelettrica.

Emette in conseguenza il voto che la convenzione di Berna sia completata con un nuovo articolo 11 bis cosi concepito :

« Gli autori di una produzione di dominio letterario artistico, cinematografico o scientifico godono del diritto esclusivo di autorizzare la comunicazione o la diffusione con la telegrafia o la telefonia, con o senza filo, o con ogni altro mezzo analogoche serve a trammettere i suoni o le imagini.

I diritti di autore sono dovuti per tutti i posti di emissione di ricambio o di ritrasmissione per ogni radiodiffusione delle opere predette.

X. Diritti dei proprietari e dei locatari in materia d'installazioni di T. S. F.

Il Congresso emette il voto :

Che ciascuno Stato, nel quadro della sua legislazione, regoli i rapporti fra proprietari e locatari per ciò che concerne l'uso della T. S. F. e specialmente la posa dei dispositivi di cui ha bisogno.

Che i proprietari di immobili secondino l'utilizzazione della T. S. F. e incoraggino il suo sviluppo evitando di opporre rifiuti ingiustificati di installazioni private.

Che gli utenti siano interamente responsabili di tutte le conseguenze delle installazioni che essi avessero sollecitate.

TABLE DES MATIÈRES

SAINT-AMAND (CHER). — IMPRIMERIE R. BUSSIÈRE — 2-1928.

Fondée en 1924 et dirigée depuis cette date par Me Robert Homburg, avocat à la Cour de Paris, secrétaire général fondateur du Comité international de la T. S. F., la *Revue juridique internationale de la Radioélectricité* a trouvé auprès des Administrations d'Etat, des grandes Associations juridiques et techniques et de tous ceux qui, en un mot, se préoccupent des problèmes juridiques et économiques soulevés par l'évolution de la radiotélégraphie et de la radiotéléphonie, l'accueil le plus favorable et le plus encourageant.

Perfectionnant ses modes de documentation et de présentation, la Revue publie aujourd'hui régulièrement les *articles* des personnalités les plus éminentes et les plus compétentes; elle fournit la *documentation* la plus étendue sur la *législation* et la *jurisprudence* des divers pays, en donnant la traduction des textes de lois, décrets ou jugements étrangers ; elle contient, dans une chronique extrêmement détaillée, des *informations* d'ordre pratique.

Enfin elle reproduit, en annexe, les comptes-rendus officiels du Comité international de la T. S. F., dont le but est d'élaborer le statut international de la T. S. F. et dont les travaux ont reçu leur première consécration internationale par les Congrès de Paris d'avril 1925, et de Genève de mai-juin 1927.

Telle qu'elle est composée et présentée, la *Revue juridique internationale de la Radioélectricité* doit faire partie des bibliothèques de toutes les *Grandes Associations de droit international*, des *Administrations*, des *Facultés*, des *Tribunaux*, des *avocats*, *avoués* ou *agréés*, des *Syndicats professionnels*, des *Sociétés d'auteurs*, *Associations d'amateurs* et de tous ceux dont les intérêts touchent de près ou de loin au développement de la radioélectricité.

Son prix modique met à la portée de tous cet instrument unique de documentation et de travail.

LIBRAIRIE
DU
RECUEIL SIREY
(Société Anonyme)
22, Rue Soufflot, PARIS, 5e
R. C. Seine 148.517 Tél. Gobelins 07-18

Revue Juridique Internationale de la Radioélectricité

REVUE TRIMESTRIELLE

publiée sous la direction de M. Robert HOMBURG, Avocat à la Cour de Paris

BULLETIN D'ABONNEMENT (1)

Veuillez m'abonner pour un an à la

Revue Juridique Internationale de la Radioélectricité

A cet effet, je vous adresse par : Mandat ....

Chèque ....

la somme de cinquante francs (pour la France) ;

soixante francs (pour l'Étranger). (2)

Nom ....

....

Adresse ....

....

(1) Détacher le présent bulletin suivant le pointillé et l'adresser à la LIBRAIRIE DU RECUEIL SIREY, 22, Rue Soufflot, PARIS Ve.

(2) Rayer l'une des deux formules.

IMP. R. BUSSIÈRE. — ST-AMAND (CHER) 2 28

A NOTRE LIBRAIRIE

Mérignhac (A.) et Lémonon (E.). — **Le Droit des gens et la guerre de 1914-1918**, 2 vol. in-8°, 1921. Prix . . . . 80 fr.

Moye (M.). — **Le droit des gens moderne, précis élémentaire de droit international public**, 2e éd., in-8°, 1928, broché, 36 fr. ; cart. 49 fr.

Sack (A.-N.). — **Les effets des transformations des Etats sur leurs dettes publiques et autres obligations financières. Traité juridique et financier. I : Dettes publiques** *(Tome VII de la Bibliothèque des œuvres juridiques étrangères)*, in-8°, 1927 . . . . . . 80 fr.

Dumas (J.). — **Les aspects économiques du droit de prise avant et depuis la guerre mondiale**, 2 vol. in-8°, 1926, broché, **100** fr. ; cartonné . . . . 126 fr.

Bustamante y Sirven (Antonio-Sanchez de). — **La Cour permanente de justice internationale.** Traduit de l'espagnol par P. Goulé, in-8°, 1925. . . . . 35 fr.

Larnaude (F.). — **La Société des Nations** (conférences faites aux officiers de l'école supérieure de guerre), in-4°, 1920 . . . . . . 15 fr.

Seymour (C.). — **Les antécédents diplomatiques de la guerre** (**The diplomatic background of the War**), **1870-1914.** Traduit de l'anglais par Eugène Raiga, in-8°, 1919. Prix . . . . 20 fr.

Revue de droit international privé, trimestrielle, gr. in-8° :

Un an ; France, **70** fr. ; étranger . . . . 120 fr.

Prix de la collection complète, 1905-1926 . . . . 1.000 fr.

Tables générales 1905-1924. . . . . 90 fr.

Oda (Y.). — **Principes de droit administratif du Japon**, in-8°, 1928, broché, **60** fr. ; cartonné . . . . 73 fr.

La France économique en 1926. Annuaire de la vie économique française (5e année) (Extrait de la *Revue d'économie politique*, mars-avril 1927), gr. in-8°, 1927. Prix . . . . 50 fr.

Annuaire 1925 (4e année). *Epuisé, occasion (ne se vend qu'avec la collection complète)* . . . . 50 fr.

Annuaire 1924 (3e année) . . . . 30 fr.

Annuaire 1923 (2e année) . . . . 30 fr.

Annuaire 1922 (1re année) . . . . 30 fr.

Aftalion (A.). — **Monnaie, prix et change. Expériences récentes et théorie**, in-8°, 1927 . . . . 25 fr.

Oualid (W.). — **Leçons sur la monnaie et les problèmes monétaires professées pendant l'année 1926-1927** (Ecole supérieure d'enseignement financier), in-8°, 1927 . . . . 20 fr.

Grandin (A.). — **Bibliographie générale des sciences juridiques, politiques, économiques et sociales, de 1800 à 1925-1926**, publiée par la Société Anonyme du *Recueil Sirey*, 3 beaux volumes grand in-8°, 1926, sur deux colonnes, brochés, **300** fr. ; reliés demi-chagrin *(reliure spéciale)* . . . . 360 fr.

(Le premier supplément paraîtra en Février 1928).

www.ingramcontent.com/pod-product-compliance
Ingram Content Group UK Ltd.
Pitfield, Milton Keynes, MK11 3LW, UK
UKHW022026170726
13837UKWH00001B/430